主持完成浙江省 2009 年教育科学规划课题：基于工学—
主持完成浙江省教育厅 2009 课题：基于区域经济发展的产
2012 年主持完成台州市哲学社会科学规划重大委托课题：台
2014 年主持完成台州市哲学社会科学规划课题：台州撤

旅游职业教育集团化的
实践探索

毛时亮 著

中国原子能出版社
China Atomic Energy Press

图书在版编目（CIP）数据

旅游职业教育集团化的实践探索 / 毛时亮著．-- 北京：中国原子能出版社，2019.4
ISBN 978-7-5022-9752-7

Ⅰ．①旅… Ⅱ．①毛… Ⅲ．①旅游教育－职业教育－办学模式－研究 Ⅳ．① F590-05

中国版本图书馆 CIP 数据核字（2019）第 072345 号

内容简介

本书以实践与理论相结合的方法，探索教学链、产业链、利益链三链深度融合的职业教育集团新模式，并以旅游职业教育集团的实践对职业教育集团化办学进行研究与探讨，希望能够促进职业教育集团化办学进一步发展。本书可作为高职院校教师参考书。

旅游职业教育集团化的实践探索

出版发行	中国原子能出版社（北京市海淀区阜成路 43 号　100048）
责任编辑	王　丹　高树超
装帧设计	河北优盛文化传播有限公司
责任校对	冯莲凤
责任印制	潘玉玲
印　　刷	定州启航印刷有限公司
开　　本	710 mm×1000 mm　1/16
印　　张	10.5
字　　数	193 千字
版　　次	2019 年 4 月第 1 版　2019 年 4 月第 1 次印刷
书　　号	ISBN 978-7-5022-9752-7
定　　价	49.00 元

发行电话：010-68452845　　　　版权所有　侵权必究

浙江省高等教育教学改革研究项目

基于"三链"深度融合的酒店旅游职业教育集团化的实践探索（JG2015394）

主持人：毛时亮

成　员：倪红霜 、叶小平、洪珊珊、倪玉屏、金国平、杨曼华等

前　言

  自 20 世纪 90 年代诞生第一家职业教育集团以来，我国职业教育集团在数量和规模上一直呈现持续发展趋势。尤其是近十年来，随着高等职业教育的快速发展，以校企合作、产教融合为纽带，以专业建设和人才培养为目标，以"共建、共享、共赢"为原则，各地教育行政部门或高职院校联合了区域内外职业院校、行业企业、地方行政单位等共同组建了新的职业教育集团，使职业教育集团数量大幅度增长。职业教育集团化的办学模式作为一种新型的组织形式发展迅速，由于其发展的时间不长，而且其发展模式不一，形式多样，迫切需要在理论和实践两方面进行探索。

  本书将学校以专业为纽带成立的酒店旅游职业教育集团作为研究案例。首先，在对职业教育集团化成立原则、特点、运行等进行分析的基础上，提出打造校企发展共同体的理念。其次，分析了职业教育集团化办学运行机制的影响要素，即政府、职业院校、企业和行业组织、学生等，提出实现教学链、产业链、利益链"三链"深度融合，以破解校企合作难题。最后，对校企精准育人、共建生产性实训基地、联合开发课程和教材、师资互培互聘、校企文化对接等实践探索进行分析及反思。

  本书是浙江省高等教育教学改革研究项目《基于"三链"深度融合的酒店旅游职业教育集团化的实践探索（JG2015394）》，选取笔者相对熟悉的个案进行重点分析，在此基础上总结了开展集团化校企合作教育的基本经验，为最终提出深入校企合作教育寻找对策。在研究过程中，倪红霜、叶小平、洪珊珊、倪玉屏、金国平、杨曼华等各位老师在各自领域进行了研究和探索，为本书提供了许多鲜活的案例和独到的见解，在此表示感谢。同时感谢台州科技职业学院教务处、人文旅游学院等单位对本研究的大力支持。

  本书中除了文献综述部分以外，都是本人原创。

目 录

第一章　绪　论

近年来，职业教育集团化的办学模式作为一种新型的组织形式发展迅速，由于其发展的时间不长，而且其发展模式不一，形式多样，迫切需要在理论和实践两方面进行探索。

一、目的及意义

（一）贯彻落实国务院《关于加快发展现代职业教育的决定》的需要

国务院《关于加快发展现代职业教育的决定》提出鼓励多元主体组建职业教育集团。职业教育集团是在新形势下实现职业教育资源共享，促进职业院校和企业优势互补，加速职教发展的新途径和新模式。教育部《关于推进高等职业教育改革创新引领职业教育科学发展的若干意见》提出要创新办学体制，鼓励地方政府和行业（企业）共建高等职业学校，探索行业（企业）与高等职业学校、中等职业学校组建职业教育集团，发挥各自在产业规划、经费筹措、先进技术应用、兼职教师选聘、实习实训基地建设和学生就业等方面的优势，形成政府、行业、企业、学校等各方合作办学，跨部门、跨地区、跨领域、跨专业协同育人的长效机制。职业教育集团不同于企业集团，是一种以职业教育校企合作、工学结合为主的办学联合体，各成员单位仍保持独立法人资格，在法律地位上完全平等。建成的职业教育集团将会充分发挥主导、示范、辐射的作用。

（二）深化课堂教学改革创新的需要

《浙江省高校课堂教学创新行动计划（2014—2016年）》提出，要切实提高实践教学学分比例，加强实践教学的指导和管理，深化实践教学方法改革，着力培养学生的创新精神和实践能力。打造职业教育集团是整合教育资源，深化教学改革，突出办学特色，强化社会服务，提高办学效益，着力解决职业教育服务地方经济社会发展能力不强等制约职业教育发展问题的有效途径。

（三）实现产教融合的需要

利用集团化办学增进职业学校与行业、企业、科研院所的合作，推动职业教育办学体制和运行机制的改革创新，实现以强带弱，强强联合，走集团化、特色化发展之路。

（四）促进学生就业的需要

通过职业教育和培训，搭建起校际合作、校企合作、区域合作的平台，实现学校与企业信息沟通，学校与市场接轨，并充分为学生实习、实训以及在集团内企业就业提供优先条件，为经济和社会发展服务。

二、现状分析

20 世纪 90 年代起，我国的职业教育开始寻求一种资源共享、优势互补的集团化办学道路，即职业教育集团化办学模式。随着职业教育改革的进一步深入，这一办学模式得到了社会的认可。2002 年，国务院《关于大力推进职业教育改革与发展的决定》（国发〔2002〕16 号）指出，推进职业教育管理体制的改革，建立并逐步完善职业教育管理体制，深化职业教育办学体制改革，形成政府主导、依靠企业、充分发挥行业作用、社会力量积极参与的多元办学格局。2005 年《国务院关于大力发展职业教育的决定》（国发〔2005〕35 号）明确提出了要"推动公办职业学校资源整合和重组，走规模化、集团化、连锁化办学的路子"。2014 年 6 月，《国务院关于加快发展现代职业教育的决定》（国发〔2014〕19 号）指出，要"鼓励多元主体组建职业教育集团。鼓励中央企业和行业、龙头企业牵头组建职业教育集团"。这些都为新一轮职业教育集团组建和运作提供了政策支持。2015 年，教育部《关于深入推进职业教育集团化办学的意见》（教职成〔2015〕4 号）明确了职业教育集团化办学的指导思想和目标任务，职业教育集团的发展也进入有组织、有序列的快速建设期，以高等职业院校为牵头单位组建的职业教育集团模式也逐渐呈现。由教育部、国家发改委等六部门印发的《现代职业教育体系建设规划（2014—2020 年）》（教发〔2014〕6 号）在体系建设的"重点任务"部分明确指出，要科学规划职业教育集团发展，到 2020 年基本覆盖全国所有的职业院校，初步建成 300 个富有活力和引领作用的骨干职业教育集团。

近年来，各种类型的职业教育集团以自发、民间的形式在全国各地不断涌现。各地区、各行业和一些企业积极开展职业教育集团化办学，形成了一批有特色、成规模、效果明显、影响广泛的职业教育集团。据不完全统计，全国已建职业教育集团约 700 个，覆盖 100 多个行业部门、近 2 万家企业、700 多个科研机构以及 50% 以上的中职校和 90% 以上的高职校。各地在实践中探索出各具特色的职教集团化办学模式，如北京交通职教集团模式、湖南现代物流职教集团模式、重庆工商职教集团模式、江苏商贸职教集团模式、嘉兴市欣禾职教集团模式、上海电子信息职教集团模式、河南信息职教集团模式等。这种办学模式是以职业教育院校为主体龙头，以创建、兼并、联合、合资等方式联合其他职教实体以及由职教、行业管理部门、企业、用人单位等组成的职业教育集团。职业教育的集团化办学顺应了市场经济条件下对职业教育的重新定位，解决了与行业、企业联系的深层次问题，充分发挥了职业教育在就业培训、职后发展、个人发展上的特殊功能，实现了资源的优化组合。

但在实践中职业教育集团也存在着一些问题与不足，主要表现在：学校、行业、企业覆盖面不足；成员间合作关系不紧密，成员单位间无"利益共同点"；参与方是在自愿的基础上组建而成的，结构松散；参与方原隶属关系不变，产权性质不变；管理体制和运行机制不健全，支持与保障政策不完善；集团中的资源优势无法整合，未形成集团在行业内的竞争优势；集团化办学的教育、产业和社会效益还没有得到充分发挥；等等。

本课题主要以实践与理论相结合的方法，探索教学链、产业链、利益链"三链"深度融合的职业教育集团新模式，并利用旅游职业教育集团的实践对职业教育集团化办学进行研究与探讨，希望能够促进职业教育集团化办学进一步发展。

三、研究思路和方法

（一）研究思路

本研究是实践研究，将学校以专业为纽带成立的酒店旅游职业教育集团作为研究案例。首先，在对职业教育集团化成立原则、特点、运行等进行分析的基础上，提出打造校企发展共同体的理念。其次，分析了职教集团化办学运行机制的影响要素，即政府、职业院校、企业和行业组织、学生等，提出实现教学链、产业链、利益链"三链"深度融合，以破解校企合作难题。再次，对校企精准育人、共建生产性实训基地、联合开发课程和教材、师资互培互聘、校企文化对接等实践探索进行分析及反思。

（二）研究方法

文献研究法。本课题在大量文献收集的基础上，对集团化办学、校企合作中有关国内外研究成果进行搜集、梳理、比较、归纳，寻找可借鉴的经验，并在此基础上进行了创新，以针对集团化办学中影响校企双方积极性的有关因素，提出解决的对策和建议。

案例分析法。为了使本课题的研究能够深入和更具有借鉴意义，笔者选取了自身相对比较熟悉的职业学院作为个案进行重点分析。在认真分析了该学院集团化办学中的具体措施和实施过程的基础上，笔者总结了该学院开展集团化校企合作教育的基本经验，为最终提出深入校企合作教育寻找对策。

四、主要成果

（一）建立了台州市旅游职业教育集团

整合政府、行业、企业、院校等力量，建立教学链、产业链、利益链"三链"深度融合的台州市旅游职业教育集团，搭建产教融合平台，创新办学模式、治理结构和运行机制，形成职业教育与经济社会发展相互促进的良性循环。

（二）形成了"循环顶岗实习"个性化领班型人才培养模式

通过多年实践，构建了较为完善的包括"职场体验、实践训练、联合培养、企业顶岗"四个阶段的"循环顶岗实习"模式，制定了《顶岗实习管理条例》和《顶岗实习管理实施细则》，已经建成"远洲班""假日国旅班"，并与黄岩耀达大酒店合作"一生一案"示范岗等项目，形成了一套操作性强的规范性文件，旅游类专业群的个性化人才培养模式逐渐形成。明确了高职旅游类专业"领班"式人才培养目标和方向，即锁定在中高端旅游、酒店企业（含会所）的服务（岗位）能手、领班、主管和部门经理或职业经理人。

（三）建成研发基地、学生实践基地、教师培训（访问工程师）基地、社会服务基地"四大基地"

以旅游职业教育集团为平台，整合校内外师资，建立旅游类人才智库，共同开展旅游研究、人才培养、基地建设、师资培训、社会服务等系列活动，提高了旅游职业教育集团的专业影响力和美誉度。

（四）建成完整的项目化课程体系

校企双方共建课程，对专业核心课程，全部以工作过程和工作任务为驱动，重新构建课程体系，并开发了 6 门企业微课程，采取"做、学、教"一体化的教学模式，提高了学生的岗位核心能力和实践动手技能。

（五）领班型人才培养取得了较好的成绩

近几年，获得国家级、省级职业技能大赛 5 个一等奖、8 个二等奖、16 个三等奖，成绩喜人。同时，酒店管理专业、旅游管理专业就业率保持在 99% 以上。学生专业知识扎实、专业技能过硬、综合职业素养高，"领班"型人才数量不断提升，深受用人单位好评。

五、成果的创新点

第一，搭建旅游职业教育集团这一平台，解决了校企合作的机制问题，开辟了产教融合的新模式。与 20 多家企业共建合作办学关系，企业参与培养方案制定、课程开发、教育教学、实训实习、就业与创业等全过程，从而将学校与企业的优势转化为校企合作在人才培养工作方面的优势，深层次解决人才培养环节的企业合作动力问题，企业身份从被动接受的"配角"成为积极参与的"主角"。

第二，构建了实践教学体系。加大实习实训在教学中的比重，创新顶岗实习形式，建立并实践了"职场体验、实践训练、联合培养、企业顶岗"四个阶段的"循环顶岗实习"模式，通过"订单培养""示范岗建设""人才直通车"等形式，实现了学生、学校和企业的"三赢"。

第三，人才培养目标定位为旅游类领班型人才，即锁定在中高端旅游、酒店企业（含会所）的服务（岗位）能手、领班、主管和部门经理或职业经理人。学生通过四个阶段的"循环顶岗实习"，特别是经过 10 个月的顶岗实习，既获得了实践操作技能的熟练与提升，又获得了管理技能的熏陶与培养。

六、成果的推广应用效果

通过搭建教育集团这一产教融合平台，领班型人才培养模式深入实践，在社会上形成了良好的专业品牌效应，学生就业率和就业质量显著提高，具体体现在以下几方面：

第一，在组建旅游职业教育集团，开展校企深层次合作上取得了丰富的经验，较为成熟的合作模式和管理经验可供其他高校借鉴。武汉职业技术学院、安徽六安职业技术学院等多所院校到校参观学习校企互动合作模式。

第二，2013、2014、2015届的旅游管理、酒店管理专业毕业生就业率均在98%以上。目前，该专业学生供不应求，深受企业的欢迎与好评。

第三，订单式培养、顶岗实习效果好，培养及实习单位返回的实习鉴定中，80%以上为优秀。学生由于突出的表现，在企业中得到了重用。

第四，2014年5月19日，《浙江教育报》以"量身定制破解校企产教融合之惑"为题，2014年08月12日《光明日报》以"产教融合下的人才培养"为题对我校的教育集团产教融合模式进行了介绍，引起了较大反响。

产教融合下的人才培养

《光明日报》(2014年08月12日14版)

"搭平台、建机制、创模式、促融合"是台州科技职业学院努力克服固有办学模式，根据专业特点，紧紧围绕领班人才培养，为下属二级学院分别量身定制的多种产教融合模式。

混合所有制企业是我国公有制实现形式的深化，是一种优势互补、最适应市场经济发展的组织形式。经学校与福建虎伯寮生物集团有限公司充分协商，决定共同投资，在学校成立台州市黄岩荆龙生物科技有限公司，学校投资150万元，占30%股份。从目前公司的运营来看，产权清晰，学校和企业彼此渗透共生，是法人治理结构的有效方式。目前，公司年产值达2 000多万元，成为浙江省规模最大的金线莲生产基地。该基地是农业与生物工程学院学生学习的主阵地。学校根据企业生产需要推行机动灵活的弹性学制和管理制度，企业为学生提供实习岗位并进行指导，学生边学习边实践，并在金线莲基地接种室、生产大棚等各个生产环节担任领班岗位。该项目享受国家农业补助政策以及税收减免等优惠政策，学校积极申报各级项目，建立国家级兰花研究中心、种质资源（基因）库、高档种苗示范基地，实现专业产业化，不断推进农业科技创新。

模具是学校所在地的支柱产业，这里是浙江省首批现代产业集群示范区之一。针对这一产业优势，在专业服务地方产业上，学校与台州市黄岩汉威模具塑料有限公司共建教学基地。该项目采用合作制形式，学校提供场地，主要生产出口欧美发达国家的高精密模具，与葡萄牙SET公司全面合作，企业人员长年驻扎学校。基地为机电与模具工程学院学生提供精雕编程、精雕操作、数控铣编程、数控铣操作等50多个领班岗位。校企双方通过协商制订"汉威人才储备计划"，不少领班学生被企业直接列入该计划进行重点培养。

学生是教育的最终落脚点，学校坚持以学生为本，使人才培养方案个性化，做到多方协商，一生一案。"一生一案"示范岗是人文旅游学院职业教育集团制产教融合模式的标杆。目前，学校积极与上海柏悦、温德姆、杭州凯悦、开元、浙江假日国旅等国际国内知名品牌旅行社酒店合作成立职业教育集团。在"一生一案"示范岗中学校承包酒店的最高级VIP包厢2～3个，酒店根据"准员工"要求，面试选拔每批次12名学生，将每个包厢的服务与管理交给学生独立完成，学校允许学生通过轮岗的方式完成相应课程的学习和实践。这突出了领班人才培养的针对性、有效性和开放性，学校、企业、学生共同完成教学任务，实现学生的个性化发展。

引课程，嫁接德国双元制教学模式

课程是学校实现人才培养目标的具体教育内容，为了实现领班人才培养，学校在积极寻求"双元制"高职课程体系理论的基础上，经过无数次下企业调研、深入剖析学校专业特点后，与中德诺浩（北京）教育投资有限公司合作，专门引进德国汽车教育课程体系，使德国双元制课程体系本土化，显著提升了校企共同育人的有效性和吸引力。

在该课程体系中，理论与实践的比例为3∶7，整个教学过程的设计以企业需求为基础，18个学习领域和400多个学习任务都来自企业工作一线。在教学过程中，采用小班化、工学一体、全程实训模式，且每年组织学生进行一次企业实习，实习采取认知见习、轮岗实习、顶岗实习"三段式"模式。在考核阶段，严格按企业生产标准进行，引入第三方参与，请企业技术骨干担任考官，采取分组、按工位、单人实操的考试模式，重点考察学生的实践能力。将企业实景搬进课堂，把课堂搬到车间，最大限度地在课堂上再现企业的工作场景，教师和学生兼具了师傅和徒弟的双重身份。以此为框架，以学生为主体，以实践为核心，理论与实践相结合，在学校里就能真正解决学校与企业脱节的现象。

融师资，创客座教授和客座导师驿站

领班人才的培养依赖校企双师结构。学校非常注重为每一位学生至少配备校内和企业各一名导师，为此，持续推进"百名教授、千名导师"进校园活动，不断充实和丰富企业教师资源库。

台州科技职业学院积极筹备客座教授和客座导师驿站，让客座教授、客座导师与学校之间能够更好地进行交流。在学校承办的全国模具人才培养校企合作研讨会上，学校聘请到多位专家学者为客座教授。学校诚邀各企业家、行家针对校企深度合作人才培养提出见解，专门举行客座教授聘请会，应师生要求已举办过多场客座教授进校园讲座和交流活动。客座导师深入课堂，参与实践教学，有创造性地建立了"一课双师"运行机制。客座导师还积极参加学校各项活动，融入

校园文化大平台，主动开辟学校第三课堂，努力使文化进课堂、进头脑，着力为学生可持续发展奠定知识、技能与素质基础，实现领班人才培养目的。

产教融合是推进高职教育改革与发展的一项重大举措，其本质在于把高职教育与经济社会发展紧密地联系在一起，以促进区域经济社会发展为目标，以人才培养和企业发展为落脚点，逐步实现运行模式、课程体系、资源集成良性互动的机制创新，为领班人才培养提供制度保障。

第二章 校企联盟：构建校企发展共同体

职业教育集团是企业、职业院校等为实现合作发展、优势互补、共享资源而共同构建的教育性团体，是近年来我国提升职业教育人才培养质量、促进职业教育集团化办学体制机制创新的重要手段。2013年，以台州科技职业学院人文旅游学院为依托，联合相关职业院校、企事业单位、行业协（商）会、旅游酒店等共同组建了台州旅游酒店职业教育集团。该集团充分发挥职业院校、行业协会、企事业单位各自的优势，坚持以对接旅游酒店产业、服务经济建设为宗旨，以校际合作为基础，以校企合作为依托，以专业发展为纽带，以复合型、创新型、发展型人才培养为核心，不断优化职业教育资源配置，提高办学水平，实现资源互补、政策共享、连锁培养、科学发展的目的，走出一条低投入、高效益的职业发展新路。

一、集团化办学的理论基础

利益相关者理论（Stakeholder Theory）是产生于 20 世纪六七十年代的一个重要经济学理论，是西方经济学家在研究公司治理时提出的一种理论主张。利益相关者理论认为，任何公共和非营利组织成功的关键是使主要的利益相关者感到满意。只要存在多个组织的合作，就会存在多方利益的复杂关系。职业教育集团是一个利益相关者组织，其中会涉及复杂多样的利益关系和利益冲突。利益相关者理论要求在职业教育集团化办学过程中，要高度重视办学利益相关者的权益，并根据这些利益相关者的利益诉求，制定职业教育集团化办学的发展策略。

合作教育理论产生于 20 世纪初。1906 年，美国辛辛那提大学的赫尔曼·施奈德（Heman Shneider）创建了合作教育模式。1946 年，美国职业协会在《合作教育宣言》中指出，合作教育是一种将理论学习与真实的工作经历结合起来的教育模式。可见，起初的合作教育更多的是强调人才的培养模式。后来，校内与校外、学校与社会合作的教育模式逐步呈现。合作教育理论显示，与社会紧密结合、共同合作是培养与社会发展相适应的专门人才的有效途径。从内部因素来看，合作教育是学校和产业部门共同实施的人才培养过程，以适应现代生产第一线的需求为目的，以学校与社会紧密结合为手段；从外部条件来看，合作教育是校内校外的结合。合作教育理论为制定职业教育集团化办学的整体原则与人才培养思路提供了重要的理论基础。它告诉我们在发展职业教育时，突出合作的原则与理念，要注重人才培养合作与办学合作，为职业教育利益相关者合作参与职业教育资源的有效配置、提升职业教育集团化办学的内部凝聚力与合作长效机制建设等提供理论指引和建设思路。

二、建立集团的原则

坚持成员单位自愿、平等、互惠原则。在产权、所有制和人事关系原则不变的前提下，各级各类职业院校资源与行业、企业、职业教育资源以自愿为基础组建集团，实现"校企合作""校校合作""校地合作"和"校政合作"。

坚持立足台州、面向全省、走向全国的原则。以教育、专业为纽带，面向行业、区域经济和社会发展，吸引企业、相关职业院校和其他社会组织加入，成熟一个发展一个，逐步使职业教育集团的建设与经济需求和发展环境相适应。

坚持整合资源、形成专业品牌的原则。努力发挥各类优质职业教育资源的引导、带动、凝聚、辐射作用，逐步形成办学水平高、社会效益好、专业特色鲜明的酒店管理、旅游管理专业品牌。

坚持校企合作、产教融合、互惠共赢的原则。努力吸纳行业企业的职业教育资源，集聚各级各类院校的教学资源，充分发挥优质教育资源的经济效应和示范引领效应，实现各类教育培训资源的共享，提高师资、设备、场地等资源的使用效益，不断提高职业教育的办学能力以及教育与培训质量。

三、教育集团成员的遴选

选择合适的合作办学对象与合作伙伴，是事业合作发展的重要因素。职业教育集团在选择合作对象时，要基于职业教育集团化办学的不同性质和办学定位，有针对性地选择合适的合作办学对象。要充分利用政府、职业院校、企业、行业等各自的资源优势和特色性质，积极调动、有效甄别社会多方资源参与到职业教育集团化办学中，吸纳其优质资源，制定资源合作配置规则，在职业院校教育资源与社会各办学主体教育资源的互动与整合过程中，使职业教育的资源储备通过交流、合作、共享，扩展为整体的能量储备，形成职业教育集聚发展能力，突出职业教育集团化办学的聚合效应。具备产教合作条件的企业应符合以下四点要求，方可准入合作：一是企业要有一定的实力，有前景和合作价值，软硬件设施齐全，经营规范，岗位、薪资、发展空间等能够吸引学生，企业管理者有较高的素质和领导团队有较高的管理能力。二是能够充分利用企业的设备优势和生产条件为校方提供良好的生产试验条件和校外实训基地，并合作共建产学研结合示范基地，为校方学生的实践活动提供方便。三是企业规模大，能接纳一定数量的学生进行实训和就业；能接受合作校方教师到企业进行生产实践，为校方进行科学研究提供良好的生产试验条件，合作完成科研任务。四是企业技术力量雄厚，企业的技术人员能够为学校提供足够的客座教授和导师，也能够为教师下企业以及学生实习、实训提供技术指导。通过建立准入资格制度，从制度层面进一步明确企业员工的职业资格技能等级、实习实践场所、设备配置以及教育活动与生产活动的时间和内容安排，企业、学校、学生的权利和义务等。另外，对无意和无基础从事校企合作育人的企业设立门槛，从源头上选择一批优秀企业，确保校企合作的质量。

建立校企合作质量评估制度。可依托行业组织、企业等组建评估委员会，切实建立科学合理的评估指标，对校企合作人才培养质量进行评估，可将学生的企业技能学习与劳动部门职业资格等级证书考试相结合，并将考试结果纳入评估范围。通过质量评估机制促进校企双方不断提高人才培养质量。

四、职业教育集团的特点

（1）集团的专业性。有别于其他以学校为基础的综合性教育集团，职业教育集团是基于旅游管理和酒店管理专业的产学联盟，专业性强，目标明确。

（2）学校的主导性。集团化办学的核心目标是校企合作培养学生，一切以学生发展为本，这就要求学校要掌握主动权，充分考虑和协调学校教学规律与企业生产规律之间的矛盾，协调学生实训、实习与企业用工之间的矛盾。旅游业和酒店业都是劳动密集型产业，企业用工量大且流动性大，时刻需要大量新鲜血液加入，这为学校择优提供了难得的机遇。

（3）成员的多样性。联盟有旅行社、酒店、民宿，有政府旅游管理部门、地方乡镇政府，有高职、中职等，从而为校企、校地、校政以及中高职一体化等多样化、多层次合作提供了可能，也为学生的实习、实训、就业、创业等提供了多种可能和途径，同时为教师的科研、社会服务等创造了新的平台。

（4）合作的多元化。打破传统一校一企的合作模式，实现一校多企、多校多企、校政、校地等多种多向合作模式。

（5）联盟的松散性。产权、所有制和人事关系不变，成员自愿加入、自由退出。

（6）优势的互补性。这是集团存在的基础，通过集团化办学，既可以充分发挥学校的专业优势和合作企业的资金、技术、设备优势，又可以通过集团的调控，全面统筹人才规格和定位、专业设置、课程内容、基地建设、社会服务等，促进资源的整合与优化配置，为集团成员提供有效的平台，如信息资源平台、职业技能培训平台、师资培训平台、就业信息平台等。

五、职业教育集团的运行

建立"政、行、企、校"四方联动的管理机构。集团实行理事会制度，由教育部门、旅游行政管理部门、旅游行业协会、旅游企事业单位及旅游院校成员共同组建集团理事会。集团成员单位推荐一名代表，担任集团理事，任期三年。理事代表其所在单位参加集团的会议及有关活动。集团建立理事会及秘书处，负责日常运行及协调。理事会是最高权力机构，设立理事长一名，理事长由牵头学院负责人担任，副理事长三名，由发起单位主要负责人担任。

制定理事会章程，严格按章程开展工作。为保障内部的正常化及规范化运转，旅游类职教集团应建立集团内部组织管理系统的基本框架，对各分项工作作出具体要求，对于集团内部单项具体工作、操作步骤作出要求，对集团组织管理系统内的工作实施步骤做出具体规定，制定集团内局部性或阶段性的系列化规定。

建立管理组织机构。为使校企双方深入对接、全面融合，以确保校企合作的长期有效开展，必须建立组织机构。一是建立校企合作工作指导委员会，负责校企之间的沟通、协调、指导等，成为校企合作办学的对接平台。二是建立专业指导委员会，加强行业企业对人才培养和专业建设的参与。专业指导委员会由行业企业、高职院校、科研院所等联合组成，为高职院校及时提供人才培养规格、专业设置等方面的指导意见，使学校能够紧贴社会需求修订专业人才培养方案。

六、以集团化办学构建校企发展共同体

校企发展共同体是指校企双方以资源互补、利益共享为基础，以协议为纽带，以实现学生、学校、企业"三赢"为目标而建设的相互开放、相互依存、相互促进的利益实体。

（1）人才共育。通过与浙江国旅和远洲国际等知名企业紧密合作，建立"浙江国旅班"和"远洲国际班"，开展中高职"3+2"、企业在职员工"双元制"学历教育或培训、政府部门委托培训项目等，开展学校间、校企间、校政间人才的共同培养工作，企业参与学校的人才培养方案制定、课程设置、教学过程、课程评估等工作，学校参与企业员工培训、技术研发等，拓展了人才培养的合作渠道，

提高了人才培养的针对性、实用性和有效性。毕业学生专业知识扎实、专业技能过硬、综合职业素养高，深受用人单位好评，领班人才数量不断增加。

（2）资源共享。学校拥有知识、信息和人才资源优势，企业拥有技术、设备和资金优势，校企双方在人才培养过程中可实现优势互补。通过共同建设实训基地和双师结构教学团队，建立工程研究中心、技术研发中心、培训中心等，学校与企业共同承担人才培养、员工培训、技术开发等责任，发挥资源的综合效应，提高资源使用效率，从而实现校企共同发展。

（3）人员互聘。与上海皇冠、杭州凯悦、台州耀达、远洲国际、浙江国旅等著名企业深度融合，通过到企业实践学习，实施访问工程师项目，提高现有专业带头人技能、教学和科技服务能力；通过到企业轮岗工作、挂职锻炼，培养"双师型"骨干教师；充分发挥合作企业人力资源优势，建立教师与企业专家结对联系和相互交流的机制；实施集团院校成员单位间的教师互聘，开展企业专家进课堂、专业教师进企业等活动；聘请行业精英、技术骨干为兼职教师，建成旅游酒店专家库，并建设一支校企互通、专兼结合的高水平专业教学团队，使旅游管理专业成为浙江省的旅游管理人才培养基地。

（4）成果共享。校企双方共同享有人才培养、科技研发、社会服务等合作成果。为集团企业召开专场招聘会，优先录用符合企业需要的毕业生，以提升企业的人力资源品质；加强与企业的合作，开展人才需求状况深度调研与毕业生质量状况长期跟踪，建立健全毕业生就业服务网络体系，为职业院校招生就业、创业教育等工作提供有益服务；对双方合作开发的科技成果，企业享有优先使用权，以提高企业技术水平和经济效益；对双方合作开发的技术成果转让所取得的收益，企业有权获取其应得的部分。

（5）责任共担。校企合作双方在合作过程中必然存在一定的风险，如企业的资金与设备的投入、学生实习期间的工伤事故、双方合作项目的效益、共同开发的科技成果转化等都存在一定风险。校企双方成为利益相关者，共同承担连带责任，当风险降临时，双方将共同承担。

（6）服务共推。通过学校与企业共同制定专业人才培养方案、共同开展课程开发、共同实施人才培养模式改革等途径，促进专业特色的形成，培育具有地方特色的优势专业。发挥学校现有专业优势，加强校企合作，促进地区专业优势互补，最大限度地满足社会对人才的需求。通过共同组建科技开发与服务团队，发挥成员各自的资源优势，推动科技攻关、技术开发、技术指导、技术培训等技术服务活动的广泛开展，提高企业技术水平与员工素质。

总之，通过集团化办学，促进了教学链、产业链、利益链"三链"的深度融合；研发基地、学生实践基地、教师培训（访问工程师）基地、社会服务基地四大基地已基本形成；产教深度融合的实践教学体系逐渐完善；领班人才培养已取得突破性进展；富有区域产业特色、具备较强竞争力和吸引力的酒店管理、旅游管理的专业品牌已逐步凸现。

第三章 "三链"融合：破解校企合作难题

校企合作既是一种教育思想，也是一种办学模式。作为一种办学模式，它强调高职教育的发展要面向市场、面向经济建设与社会进步的主战场，坚持以企业、行业的需要为学院办学的出发点与落脚点。2010年《国家中长期教育改革和发展规划纲要 (2010—2020 年)》中明确提出，我国职业教育要实行工学结合、校企合作、顶岗实习的人才培养模式，要求建立健全政府主导、行业指导、企业参与的办学机制，制定校企合作办学法规，推进校企合作的制度化。因此，"校企合作、工学结合"是我国高职教育理念的重大变革，也是我国高等职业教育改革与发展的方向。校企合作是创新高职办学模式，构建实践教学体系的必由之路。

一、校企合作内涵

就其内涵来说，"校企合作"包括以下三个层面：

在宏观上，国家或地区的教育发展战略必须与社会经济发展战略相结合，即教育要为社会主义现代化建设服务，社会主义现代化建设事业必须依靠教育。随着我国经济突飞猛进的增长，我国越来越需要实用型、技术型人才。中国已经慢慢变成了"世界工厂"，同时面临技术型人才的严重缺失，甚至出现过企业花数十万元高薪聘请高级技工却招不到人的尴尬局面。通过校企合作，可以为社会培养更多急需的实用型、技术型人才。高职人才是面向地方、面向基层的高素质劳动大军，劳动力市场需求主要是企业需求，企业是劳动力市场的最大购买方。在劳动力长期处于供大于求的就业形势下，积极谋求与企业的合作是高等职业教育发展的必由之路。企业作为校企合作办学的主体，可以优先选用毕业生，其不仅能参与学校教学计划的制订和教学活动的管理，还能把对学生的学习指导与就业指导结合起来，这将对顺利实现职业教育目标起到推动作用。通过校企合作，学生可以掌握企业需要的实践能力，甚至可以保证在他们毕业时就有了丰富的工作经验，这样就更能满足企业的需要。很多学生甚至可以直接留在顶岗实习的企业，这就大大增强了他们的就业能力。高职院校毕业生顺利就业，可以缓解整个社会的就业压力，对促进和谐社会的构建和发展具有重大的意义。

在中观上，教育部门与产业部门相结合可以发挥双方的积极性，实现优势互补和合作办学，即产业部门支持和参与办学，教育部门为产业部门服务。这一层面的结合就是我们通常所说的校企合作办学。目前，职业技术教育的培养模式已经由原来的高校独立培养发展出了许多新的模式，如"校企全程合作培养"模式、"订单班"模式、"循环工学交替"等。在这些模式中，校企双方通过共商人才培养方案、共建实训基地、互派师资、共推服务等，实现校企双主体育人模式，极大地促进了我国高等职业教育的发展。

在微观上，产学合作在高等职业教育中的地位和作用体现在教育、教学的组织安排上，即教育要与生产劳动、服务、管理活动相结合，学校的课堂教学与企业的生产实践教学相结合，专业理论与生产实际相结合。通过校企合作，学生可以很快融入企业真实的工作环境，在这种真实的环境中学生要像公司正式员工一样处各种人际关系。同时，校企合作可以让学生尽快熟悉企业的管理理念，接受企业文化、企业精神的熏陶，培养学生爱岗敬业、吃苦奉献、团队协作的精神，让学生完成从"学生—学徒—技师—骨干"的转变，提高高职院校学生的实践操作能力。

二、影响产学合作的因素

（一）经济社会发展的阶段性特点

由于我国正处在转型期，市场经济体制还不完善，区域间、行业间、企业间经济发展不平衡，许多岗位仍然被传统型劳动力所占据，企业与学校合作的积极性不高。此外，我国的就业市场还不规范，一方面是蔓延全国的"技工荒"，另一方面是高职毕业生就业难。造成这种两难境地的原因有很多：一方面，社会上普遍存在人才高消费的心理；另一方面，高职院校的人才培养与市场脱轨，与行业企业的需求不吻合，培养的高职毕业生不能满足社会的需求，与当代社会对发展职业教育的人才质量需要极不适应。

（二）现行教育管理体制的制约

目前，我国的职业院校完全由教育行政部门管理，行业对职业教育缺乏有效指导。学校与企业的合作处于自发状态，在实际操作过程中，责、权、利的规定比较模糊，无法在资金、设备、技术、人才等方面形成有效流动，制约了校企之间的深度合作，双方无法建立长期稳定的、互利互惠的合作关系。近年来，随着混合所有制改革的推动，校企深度合作才有了根本的发展。

（三）学校自身实力不足

校企合作必须在互惠互利的基础上才能健康发展。目前，高职高专院校实验条件不完备，教师的科研能力和水平不高，学校为企业和社会服务的能力不强，使学校与企业之间的合作不顺畅，影响了校企合作的开展。这也是企业与学校合作积极性不高的一个原因。

（四）学校和企业对产学合作认识不足

企业参与热情不高，合作流于形式。例如，人才培养会显著增加企业的成本和风险，大多数企业基于生产秩序、成本和收益的考虑，在合作中只投入有限的教学场地、设备、耗材和实习工资等资源，而在委派高素质员工指导学生、参与课程开发与教学实施等方面的积极性不高、投入不足。在科研方面，企业一般更愿意找实力相对更强的本科院校合作。学校教学延伸的投入不足：一方面，学校将学生在企业实习期间的指导寄希望于企业，存在甩包袱的思想；另一方面，学生学习地点分散，教学组织不便，学校对学生的辅导、答疑等教学指导重视不够、投入不足，再加上校企合作过程中存在一些风险，如学生安全意识不强、操作失误、管理缺失等，使校企双方对合作都心存犹豫。

（五）学生的主体作用发挥不够

随着实训、实习的展开，枯燥且高强度的简单体力劳动、复杂的人际关系、企业严格的规章制度使许多学生一开始无法迅速进入角色，甚至产生了心理动摇。学生普遍缺乏吃苦耐劳精神，对日常生活中出现的各种问题也不能好好处理。随着高校招生就业制度改革的不断深入，学生在产学研合作教育中的主体地位将会日益显现，如何调动学生参与产学研合作教育的积极性，适应学生参与产学研合作教育的需要，是亟待认真研究的现实问题。

（六）在国家宏观层次上缺乏调动学校、社会各用人单位和学生积极性的政策、法规

国家开展产学结合的教育方针政策是明确的，但缺乏与之相配套的政策、法规，由此导致了现实操作中的诸多问题。

三、协调利益相关者各自的利益

职业教育是一个涉及诸多利益相关者的大系统。由于各个利益相关者对职业教育集团化办学的价值认识以及自身在职业教育集团中所处地位的不同，参与职业教育集团化办学的利益诉求也各不相同。

政府希望通过参与职业教育集团化办学，能够为区域社会发展培养不同层次的技术技能人才。

学校希望通过职业教育集团化办学，能利用更多的社会资源与社会力量，获得政府部门的政策、资金支持，促使职业教育办学水平与质量的进一步提升；培养合格人才；进行"双师"培养；推动技术研发和技术服务。

行业希望通过参与职业教育集团化办学，优化行业结构，满足行业对人才的需求。

企业参与职业教育集团化办学，能获得适应其发展需要的结构合理、数量充足、质量优良的高素质、高技能人才；解决技术与发展中的难题；开展有效的员工培训。

学生在获得优质教育服务、便利的实训实习条件、体面的工作、可持续的发展以及人生价值的同时，还要考虑适当的薪酬、系统的培训、食宿条件、工作环境等。

因此，发现、协调、巩固各方利益并找到它们之间的结合点，是成功实施校企合作教育的关键。学校、学生和企业的联结点和纽带是人才和技术。在市场经济条件下，三者既追求各自的价值目标，又是互为要素资源的关系。为了保障学校、学生和企业各方的权利和义务，保证人才培养质量，校企双方在教育集团合作框架下进一步磋商，就具体合作项目的制定，签署了具有一定法律效力的协议，规定了企业和学院在校企合作教育过程中的责任、义务和权利，找好在校企合作教育过程中学院、企业、学生三方利益的结合点，使校企合作教育的整个过程在法律的保证机制下运行。

四、以"三链"深度融合破解校企合作难题

台州市酒店旅游职业教育集团以教学链、产业链、利益链"三链"深度融合为主线，创新办学模式、治理结构和运行机制，整合政府、行业、企业、院校等力量，形成职业教育与经济社会发展相互促进的良性循环。

（一）以教学链深度融合创新人才培养模式

教学链（图 3-1）主要是指高等院校整个教学过程，即从专业设置、教学计划、课程和教材建设、教学实施、实习实训、毕业就业及反馈等形成一个完整、首尾相接、周而复始、良性循环、螺旋式上升的链条。校企双方共同参与教学链上的每一个关键环节，充分发挥自己的角色力量，为人才的专业化培养出谋划策。教学链的深度融合实际上是将企业所需的人才规格要求提前渗透到学校的人才培养方案中。这一方面强化了企业的人才需求；另一方面不断地校正着学校的人才培养方向，从而形成院校与企业之间的良性互动。通过打通实习与就业渠道，促进学生就业，推动职业院校和企业共同发展；联合开展人才需求状况深度调研与毕业生质量状况长期跟踪，建立健全毕业生就业服务网络体系，为学校招生就业、创业教育等工作提供有益的服务；建立校企联谊会制度，实现教育教学资源和企业资源的共享，满足职业院校毕业生就业和企业用人的需求；建立"人才直通车"，通过实训、实习及时发现人才，建立人才培养、选拔制度，让优秀实习生直接进入企业人才培养计划，实现学校提出的领班人才培养目标，促进学院在人才培养模式上与企业实现"零距离对接"。

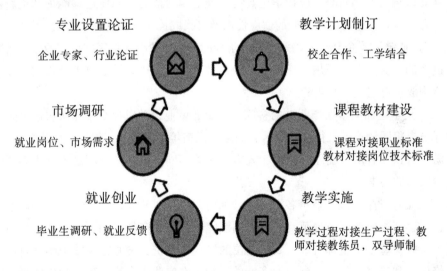

图 3-1　校企合作教学链

通过学校与行业、企业共同制定专业人才培养方案、共同开展课程开发（特别是开发企业课程）、共同实施人才培养模式改革等途径，促进专业特色的形成，培育具有地方特色的优势专业。发挥资源的综合效应，提高资源使用效率。建立学校与政府、学校与学校、学校与企业共建共用的校外实训基地，与企业合作共建校内生产性实训基地清扬苑；建立集团教师与专家资源库；建立教师与企业专家结对联系、相互交流机制；实施集团院校成员单位间教师互聘，开展企业专家进课堂、专业教师进企业等活动；探索建立学院访问工程师基地，加快学院"双素质、双结构"教学团队建设，从而构建"双主体"协同育人模式。

（二）以产业链深度融合促进产教融合

旅游产业链是以旅游产品为纽带实现链接的。从整个旅游过程来看，提供旅游产品的不同行业组成了一个链状结构，游客从旅游过程的始端到终端，需要众多的产业部门为其提供产品和服务，以满足游客的需求。其中，不仅包括旅行社、饭店、酒店、旅游商店等旅游核心企业，还有农业、园林、建筑、金融、保险、通信、广告媒体以及政府和协会组织等辅助产业和部门。前者构成了产业链的链上要素，后者为产业链的动态链接与正常运营提供必要的保障和支持。

高职院校的人才培养强调在精通一种职业技能的同时，应掌握同一产业链上其他节点企业的多种职业技能，使学生不会因企业的产业转型和个人兴趣爱好的转移而影响就业。同时，应让学生具有较强的学习能力、职业迁移能力和创新创业能力，提高学生对产业转型的适应性以及自我成长、自我发展的潜质。

"产业链"校企合作模式是指一所学校的一个专业引入地区特色产业中一条产业链上的多家企业来开展合作培养的教育教学模式，这一模式要求合作的多家企业能构成相对完整的产业链。

一是学生面向整条产业链的多家合作企业就业，并以校企合作协议的形式予以保障。集团涵盖了旅行社、景区、酒店、民宿等不同业态，提供了门市、计调、导游、餐饮、客房、前厅、销售、人力资源等不同岗位，充分满足了学生多岗位实践锻炼的要求。

二是让学生完成产业链各节点企业所有的工作过程，使学生掌握多种职业技能，了解多种职业岗位规范，通过轮岗制完成校内生产性实训、校外企业顶岗实习等，确保每个学生都有 3～5 个岗位的实践锻炼机会，并在实践中明确自己的主修岗位和辅修岗位，达到一专多能的目标。在实践中，我们延长学生的顶岗实习时间，从过去的 6 个月延长至 10 个月，确保学生有轮岗的机会。

三是实行双向选择。由于毕业生定向的是整条产业链上的若干企业，所以学生可以依据自身特长和爱好选择企业和职业岗位，企业也可以根据自身的特点和职业岗位要求选择更加适合的毕业生，企业与毕业生之间有一定的双向选择余地。

（三）以利益链深度融合实现校企双赢

职业教育集团化办学各利益相关者的利益诉求是不同的。因此，在职业教育集团化办学过程中，要考虑众多利益相关者的利益诉求，协调好各个参与方的实际利益和潜在利益，激发各参与方的办学热情，用利益杠杆激励各参与方积极投入职业教育集团化办学，共同推动职业教育集团化办学进程，实现合作共赢。

一是树立合作共赢理念。合作已经成为不可阻挡的时代潮流，共赢是实现相互合作、优势互补的重要理念。校企双方要明确自身存在的优势和劣势。学校拥有知识、信息和人才资源优势，企业拥有技术、设备和资金优势，校企双方在人才培养过程中要实现优势互补，即需要企业参与学校的课程设置、教学过程、课程评估等工作，也需要学校参与企业员工培训、技术攻关等工作。通过共同建设实训基地和双师结构教学团队，建立工程研究中心和技术研发中心，学校与企业共同承担人才培养的责任，从而实现校企共同发展。

二是建立基于优势互补的共享机制。学校和企业是两种不同的教育环境和教育资源，"校企合作、工学结合"就是要整合这两种不同的资源，促使双方资源、技术、管理与文化的互动、渗透。在当前的环境下，我们更应该注重凸显企业在合作中的重要主体地位。因此，学校与行业、企业在共建专业、共同开发课程、共建共享实训基地、共享校企人才资源、共同开展应用研究与技术服务等方面要密切合作，如组建科技开发团队，坚持产、学、研一体，发挥成员间各自资源的优势，推动项目攻关、课题研发、技术创新、设备改造、工艺提高等，推进科研成果转化，提高行业企业技术水平。探索组建社会服务团队、坚持资源共享、推进科技服务和社会培训等，促进员工技能的提升。通过开展订单培养、中高职"3+2"、企业在职员工"双元制"学历教育或培训、政府部门委托培训项目等，开展学校间、校企间、校政间人才的共同培养工作，拓展人才培养的合作渠道，提高人才培养的针对性、实用性和有效性，使企业实现其经济效益，并满足学校分享企业资源，实现其人才培养、科学研究、社会服务、文化传承的四大职能。

三是探索互惠多赢的运行机制。运行机制就是协调、调整产学研结合开展的机制。学校教育教学活动与企业生产经营活动在时间和空间安排上的协调程度是产学合作顺利运行的基础和制订专业教学计划的依据。特别是在校外实践教学环节上，运行安排要服从企业的生产经营活动规律，教学计划的实施应有一定的灵活性。产学合作能否顺畅、有效地运行，取决于合作双方的思想认识、组织制度、管理水平和必要的物质条件。而在政府层面上，目前主要是通过向社会公布就业率、控制招生计划和核拨教育经费等政策来指导、规范、协调和评价高职院校的产学合作行为。在学校与企业层面上，建立一定的产学合作组织形式，签订学校与企业双方约定的具有法律效力的文件，规定参与方的任务、权利、义务和争议仲裁办法，实现人才共育、过程共管、成果共享、责任共担，从而保证产学合作稳定、有效地运行，实现双赢的目标。

四是构建基于产学合作的保障机制。学校要成立校企合作指导和管理机构，在校级层面指导和管理各专业与企业的合作，统一协调解决合作过程中遇到的问题，建立符合"校企合作、工学结合"需要的教学管理制度、激励考核制度以及项目评估和反馈体系，如成立产学合作处，制定《产学合作委员会章程》《产学合作管理办法》等规章制度；改革教学管理制度和教师教学业绩考核制度等，以促进产学合作的深入开展。

案例：

又一波旅游大咖来校讲座

5月11日，来自浙江华夏国际旅行社有限公司的两位企业导师刘芳女士（图3-2）和戴红飞女士（图3-3）为2017级旅游管理全体学生（图3-4）做了精彩绝伦的专题讲座。

浙江华夏国际旅行社有限公司是我校旅游管理专业的深度合作单位，双方积极探索多渠道的办学模式，共建了"华夏国旅台科院门市部"和"台州科技职业学校校外实践基地"等生产性实训基地。

刘芳女士2003年走进华夏国旅，从导游岗位做起，之后依次在该旅行社的会务部、出境中心、同业中心和运营中心任职，现任浙江华夏国际旅行社有限公司副总经理兼出境中心总经理。

导师刘芳的讲座主题为"大中型旅行社的岗位配置"。首先，刘老师分享了自己在华夏国旅15年的从业经历，分析了导游工作的优势，为在座学生的旅游职业规划指明了方向。接着，刘老师对近几年毕业班学生实习应聘出现的85%选择导游岗位、10%选择调剂岗位、5%选择销售岗位的实际情况做了分析，认为多数旅游管理专业的学生对旅行社岗位设置的认知存在较大误区。在此基础上，刘老师依次从产品研发、市场推广、销售、操作和后勤各大部门对岗位设置进行了说明，向学生展示了浙江华夏国际旅行社有限公司和浙江新世界国际旅游股份有限公司的组织结构图。最后，刘老师锁定调剂岗位和旅行社产品经理人岗位，结合生动的案例，着重分析了产品经理人岗位在整个旅行社中的重要性和岗位要求。

浙江华夏国际旅行社有限公司销售中心总经理戴红飞女士是台州市屈指可数的高级导游之一。戴老师一上讲台就以高分贝的音量、锐利的眼神引发了全场热烈的掌声。戴老师围绕"导游的艺术"这一主题，先以提问的方式，跟学生分享自己对导游的认识，提出了"导游既是名词，更是动词"的独特见解，接着从"团前准备、团中带团、团后工作"三个方面解说导游的程序。

在听讲座的过程中，学生有的忙着用手机拍下老师的每一张PPT，有的忙着记笔记，有的干脆现场拍摄老师的演讲视频，也有的在认真听讲、细细思考，充分享受了"台科院—华夏国旅"校企合作带来的一场盛宴。

图 3-2　浙江华夏国旅副总经理刘芳

图 3-3　浙江华夏国旅销售中心总经理戴红飞

图 3-4　旅游管理 2017 级学生

图 3-5　学院教师与企业导师合影

第四章 "三学共生"：探索精准育人模式

当前的就业市场现状存在着一个矛盾现象：一方面大学生就业难，另一方面各大企业作为招聘会上的"常客"却长期招不到合适的人才，技术专家和高技能人才严重匮乏。旅游业市场也是如此。造成旅游人才供需错位的原因有很多，其中最重要的一条是旅游管理专业学生的素质不能满足用人单位的要求，这又与当前高校的培养模式有很大的关系。高校培养模式和社会需求脱节，学生也面临创新能力不足的问题。

一、探索精准育人模式

（一）精准定位人才培养目标

高职的定位要与本、专科院校和中职院校区别开来。高职旅游管理类学生的学习既要区别于本科院校的研究性学习，又要不同于中职学校的技能性学习。2012 年以来，学校对毕业生的就业岗位和职业发展状况进行了有针对性的追踪调查，将人才培养目标具体化、形象化，其目标定位在以培育一线技术骨干、班组长、业务主管、部门经理、项目经理、店长等为代表的"领班"，即旅游、酒店企业的基层管理人员。为此，学校连续开展了"领班"人才培养探索与实践，并对旅游、酒店各个"领班"岗位进行了分析，每个专业都已进行了 10 多个主要"领班"岗位分析，明确了各个"领班"岗位设置情况、岗位需求、岗位特点、职业标准和典型任务，并召集了专业建设指导委员会专家和企业实践专家分析了典型工作任务，归纳出酒店各典型"领班"岗位人员所需的知识、技能和素养，明确了高职旅游、酒店管理专业"领班"式人才培养目标和方向。

（二）实施个性化人才培养

根据旅游、酒店企业对人才的要求，并结合学生兴趣、特长、职业取向等，采用课程强化、师徒结对、推荐书籍、顶岗实习、项目小组、订单培养、半工半读、委托进修、提前就业、弹性学制、尝试创业等形式，对学生实施分类培养。在实践中，学校与耀达酒店合作建立了"一生一案示范岗"，学校承包了耀达门店的最高级 VIP 包厢 2～3 个，然后酒店根据"准员工"的要求，选拔面试大概每批次 10 多位学生，由学校的学生独立完成每个包厢的服务与管理，通过轮岗的方式完成对应课程的学习和实践。"一生一案"耀达实习岗为 6 周（1.5 个月），总计 6 个学分，校内实际服务操作 8 次可获取 1 个学分，可以顶替专业核心课、专业实习实训课、专业选修课等。也就是说，学生可以通过实践、课程技能顶岗训练获得学分来替代理论课和选修课学分。通过学分累积和替代，学生学习的主动性、灵活性大大提高，"一生一案"领班式人才培养的有效性得到了保障。

（三）实现五大对接

五大对接是指专业与产业、职业岗位对接，专业课程内容与职业标准对接，教学过程与生产过程对接，学历证书与职业资格证书对接，职业教育与终身学习对接。这是深化职业教育人才培养模式改革的基本要求。校企合作、工学结合是实现五大对接的前提和保障。

二、"三学共生"校企全程育人

"三学共生"是指职业教育在学前、学中、学后三个阶段与企业、行业精准对接。学前，校企双方根据人才需求、岗位现状、行业发展等共同制定人才培养方案；学中，通过职场体验、顶岗实习、订单培养等方式对学生进行培养；学后，校企共同进行考核评价、就业等，从而使学校根据企业、行业发展变化动态调整课程和人才培养方案，学生根据人才培养方案要求做好职业生涯规划，适应社会需求，企业通过全程介入学校人才培养过程，得到可用、适用人才，最终形成学校、学生、企业"三赢"的目标。

（一）学前：校企共商

（1）共商人才培养方案。要广泛开展社会调查，注重分析和研究区域经济与社会发展中出现的新情况和新特点，特别要关注本专业领域技术的发展趋势，了解职业岗位人才需求情况。要遵循教育教学规律，妥善处理好社会需求与教学工作的关系；处理好社会需求的多样性、多变性与教学工作相对稳定性的关系。成立有企业、行业专家和有经验的技术人员参加的专业建设指导委员会，充分利用社会资源，与企业单位共同制定人才培养方案。人才培养方案中的各个教学环节既要符合教学规律，又要根据企业单位的实际工作特点妥善安排。

（2）共同开发课程和教材。根据"领班"人才既需要极强的技术技能，又需要较强的管理能力的情况，校企共同开发"1+N"课程包。"1"即"一技之长"，一技之长是指核心的高端技能；"N"即 N 种相关技能，N 种相关技能是指围绕"一技之长"的 N 种辅助技能组合，以全面发展为主线，对接岗位（群）的风险控制能力，对接现场管理能力、成本控制能力、人文素养等。

（3）共同建设实训基地：与企业紧密合作，加强硬件、软件两方面的建设，建成融教学、培训、职业技能鉴定和对外经营功能于一体，具有先进性、生产性、共享性等特点的校内实训室 3 个。例如，建成华夏国旅台科院旅行社，组建旅行社组织机构，邀请企业导师亲临指导，实施旅行社业务"实境"操作。与企业合作共建校内生产性实训基地清扬苑。同时，在集团各大酒店、旅行社建立校外实习基地，将校外实训基地建成学院旅游、酒店管理专业高技能人才实战训练中心，提高人才培养的整体质量和学生对社会环境的适应性。

（4）建立教师与企业专家结对联系、相互交流的机制。实施集团院校成员单位间教师互聘，开展企业专家进课堂、专业教师进企业等活动。几年来，共聘请客座教授 5 名，客座导师 25 名；探索建立学院访问工程师基地，共有 4 位教师参与访问工程师基地学习并结业；加快学院"双素质、双结构"教学团队建设。

（二）学中：校企共育

在教学实践中，校企共同实施循环顶岗模式（图 4-1）。

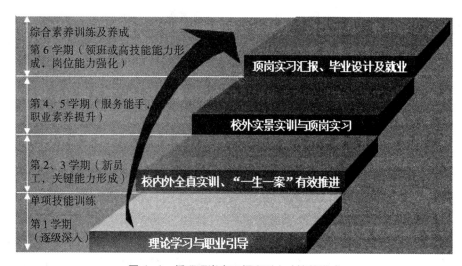

图 4-1　循环顶岗实习领班型人才培养模式

第一阶段（第1学期）：职场体验。以校内的专业基础课程学习为主，有两周的职场体验，主要是通过参观旅行社、酒店等，或者管理层与学生座谈沟通等方式，让学生了解旅行社、酒店，使学生对专业有感性认识。学生确定自己主辅修岗位，能理性规划自己的职业生涯。

第二阶段（第2、3学期）：校内外全真实习实训。第2、3学期是专业学习的关键，设置的课程能有效培养学生的核心知识和技能。其原因有三：一是这些课程以实践教学为主，能充分发挥专业实训室的功能；二是结合专业四项技能比赛，加强学生专业技能训练；三是在校内实景实训室或到旅行社、酒店顶岗实习，提高校内课堂教学质量，检验学生的专业技能。

第三阶段（第4、5学期）：校外顶岗实习。顶岗实习为10个月，3个月达到认知与磨合，6个月进入熟悉与娴熟阶段，10个月获取管理技能的熏陶与培养。

第四阶段（第6学期）：顶岗实习成果汇报、毕业设计、就业。通过前面循环式的校内外顶岗实习，学生积累了丰富的专业实践经验，具备良好的岗位服务技能技巧及领班管理知识与要领，他们需要有时间来调整自己的职业发展方向，更需要学习拓展性和管理性的课程。因此，这个阶段的课程学习之后，进入中基层领班岗位的拓展课程，同时开展顶岗实习成果汇报会，要求学生全力用心设计毕业作品，中间会根据学生就业的需求，安排学生中意酒店的专场招聘会，让学生顺利就业。

通过四个阶段的循环顶岗实习，学生对自己今后的从业旅游、酒店职业岗位及发展岗位有了明确的目标，实践操作技能和管理水平不断提升，高技能、发展型、创新型的酒店中基层领班人员初步养成。从2012级开始，循环顶岗实习模式下"三能"学生取得了良好的成效，越来越多的实习学生在从事旅游、酒店、餐饮等服务与管理工作中被提升为"领班"。

（三）学后：校企共评

改革学生学业评价制度，实施形成性与终结性评价相结合的评价模式，实施考教分离，建立学生个性化的学分加分制度，实施企业、行业第三方评价制度。近年来，我们选定《导游业务》《旅行社经营管理》《前厅运营与管理》《人力资源管理》等五门课程紧紧对接岗位职业能力、技术技能要求明显的课程作为第三方考核评价的课程，全面接受社会、企业对课程的监督和考核。任课教师、教研室主任会同黄岩耀达酒店、椒江耀达酒店、浙江华夏国际旅行社有限公司、假日国际旅行社有限公司、永高集团等一起商讨，整合课程内容，对接职业标准、企业新技术和新工艺，对接国际化生产的工艺流程、产品标准和服务规范等，敲定教学内容和考试方案，精心组织，科学考核，并在考核结束后重新修订了课程标准，使课程教学更有实效。通过引入第三方考核机制，公司人力资源人员出题、考核和评价，使教和考分离，学和用紧密结合。

加强职业院校与行业企业的合作，开展人才需求状况深度调研与毕业生质量状况长期跟踪，建立健全毕业生就业服务网络体系，为学院招生就业、创业教育等工作提供有益服务。

三、订单班的实践与探索

构建具有产学一体化特色的订单教学运行机制，使企业文化和校园文化相结合，理论教学与实践教学相结合，学校专任教师和企业兼职教师相结合，推广量身打造订单班人才培养模式，已成为高职院校进行工学结合的必然选择。

为了进一步加强校企合作，在校企双方原有合作协议的基础上，本着"互利互惠、共育人才、实现双赢"的原则，学院通过充分调研，经过面试等筛选，于2012年5月与远洲酒店和浙江国际旅行社有限公司合作成立了"远洲班"和"假日国旅班"，通过与企业的多次探讨，制定了订单班人才培养方案。

（1）学校、企业、学生三方签订人才培养协议。"订单"是订单班人才培养模式的核心，要求在市场调研的前提下，根据企业的要求、学院的办学条件以及学生的意愿，三方签订人才培养协议，包括合作的具体内容、合作的对象、培养目标、培养方式等，明确三方的权利与义务关系。为提高企业的知名度和学生对企业的认可度，我们以企业冠名的形式命名。为了让学生更好地了解企业文化，融入岗位，企业为学生定制旅行社、酒店员工服，并设立了奖学金，通过这些活动，增强学生到订单企业工作的意愿。

（2）明确订单班的培养目标。订单班办学是为了让学生和用人单位在互相了解的基础上，本着互利、互惠的原则，达到双赢的结果，所以在人才培养目标的确立上，一定要符合社会发展、区域经济及企业需求，符合学生的身心发展要求。在实践中，我们明确培养目标为企业"领班"人才，即企业基层管理人员。

（3）优化培养模式。我们采用"2+1"模式，即订单班学员在校期间完成2年的基本理论和技能学习，同时企业选派有丰富实践经验且能从事教学工作的专业技术人员和管理人员开展教学工作及生产性顶岗实训培训工作，使学生接受与企业相关的文化、生产线等方面的教育。在企业开展1年的生产性顶岗实训。"远洲班"学员还将作为远洲集团大学生"鸿鹄计划"培养对象的重要补充来源，实习生在实习期间，将进行月度和综合期考核，综合期评定为优秀的实习生在毕业后经过3个月试用期，将直接纳入"鸿鹄计划"。

（4）规范管理。由于订单班是用人单位、学校、学生三者共同合作完成的，而三者对人才培养模式的认识不尽相同，所以在合作过程中容易出现矛盾。因此，在订单班人才培养过程中，要制定出各种规章制度，包括教学管理制度、日常监督机制、实习实训管理规则、奖惩制度、信息反馈体系等，由专门的机构进行管理，并由学校和用人单位共同监督执行。对订单班学生学习期间的评价由企业和学校共同进行综合测评，密切注意学生的思想动态，发现问题，及时解决。

（5）效果与反思。一是学校、企业、学生"三赢"目标初步达成。通过订单培养，企业得以更快地发现人才、培养人才，可以提前"订购"未来的职员。企业的管理人员到学校担任兼职老师，亲自给订单班学生讲授，让学生熟悉和认同企业的文化和制度，从而更快地融入企业。学校在教学方面更加灵活，参加订单班的教师利用假期到企业实习实践，以丰富企业实践经验，提升相关技能，达到学校双师型人才培养的目的。学生的学习、就业得以保证，解决了毕业生的就业问题，提高了就业率。订单班学生在就学期间享受企业提供的数量不等的奖学金、助学金等经济补助，在顶岗实习期间享受实习生劳动待遇，3个月后双方根据实际情况可协商申请转为正式员工，工资福利不低于同类同岗及业绩相似的员工。优秀学生实习期就进入企业人才计划，打通了学校育人和企业人才培养的界限，企业提前介入学校的人才培养，学校人才培养链接企业人才培养，从而缩短人才培养时间。实践证明，订单班学生的技能更加专业，知识更加系统，视野更加开阔，职业生涯规划更加明确，后续发展潜力更大，两年后部分学生已成为企业中层管理人员和技术骨干。

二是在实践中形成了两个教学创新。由于企业导师教学时间无法保证，我们将订单班企业导师课程设计为"微课程"，其主要特点为"短课时、实践性、讲座式"，如企业文化、热点旅游线路设计等。旅游、酒店业淡旺季明显，旺季时需要大量学生参与其中，于是我们将学生的实践活动设计成"微学分"，以天为单位零存整取，10天为一学分，可以顶替专业核心课、专业实习实训课、专业选修课等。也就是说，学生可以通过实践、课程技能顶岗训练获得学分，替代理论课和选修课学分。通过学分累积和替代，学生学习的主动性、灵活性大大提高。后来，我们将这两个创新应用到所有专业和班级，取得了较好的效果。

三是校企沟通协调需要进一步加强。订单班培养过程中需要大量的师资力量，虽然企业专业技术人员经验丰富，技术水平高，但教学能力不足、教学管理缺失等问题突出，导致教学质量不高，这就给学校教学工作造成了压力。在订单教育实施过程中，校企双方虽然有专门的人员、专门的机构进行管理，但运行效率不高。企业在进行订单班管理时，一般只安排个别人负责日常管理事务，一旦发生变故，订单班的协调、沟通工作就陷入停顿。另外，企业的经营理念与学校培养人才的理念存在差异，企业主要讲究的是效益，这就决定了在企业生产紧张、繁忙的时候，企业兼职教师往往不能按约定时间进行授课，教学不能按照计划进行，出现频繁调整的现象，整个教学的实施受到很大影响。

四是培养目标的差异。在与企业的合作中也发现，旅游和酒店是劳动密集型产业，淡旺季分明，部分企业将学生当作廉价劳动力来使用，而且将学生安排在最苦、最累的岗位，以缓解由于订单突然增加而产生的劳动力不足的问题，导致学生对企业产生不信任，甚至厌倦学习，中途退出订单班，最终离开订单企业。

五是实习过后学生流失率较高。订单班经过双向选择后与订单企业签订就业协议的学生人数少，在完成协议年限后，流失率较高。一方面，学生大都是外地人，加上女生居多，毕业后都要回家工作；另一方面，学生在实习期间，由于初入社会的不适应、对辛苦工作的较难坚持、对企业的忠诚度不高，实习期满后，跳槽、离职现象严重。企业投入了大量的成本，却得不到相应的产出，挫伤了企业合作的积极性。

总之，订单班人才培养是在高职教育教学中探索的新的人才培养形式，是对新型人才培养模式的尝试，是社会对人才需求的表现形式，是对办学理念的有益探索。但是，它的成长也会面临种种困难和曲折，需要我们在合作办学中不断探索、总结和完善。

案例1：

远洲鸿鹄计划

远洲集团股份有限公司创建于浙南古城临海，为了适应战略发展的要求，远洲集团总部已于2011年3月5日迁至上海，确立了在上海构建新的产业发展和管理平台。从1987年至今，其历经几十个春秋，现已发展成一家集高星级连锁酒店投资经营管理、房地产开发以及商贸物流三大产业于一体的全国性现代企业集团。目前，远洲集团股份有限公司已经在浙江、上海、安徽、辽宁、江西、内蒙古等泛长三角、环渤海以及中西部地区的成长型二三线城市区域拥有超过20家分（子）公司与合作企业。集团先后荣膺"中国公益事业十大先锋企业、中国民营企业500强、中国酒店50强、中国住宅100强企业、美国饭店协会会员"等荣誉称号。

鸿鹄计划始于1999年，是远洲集团针对远洲酒店中高层管理人员的培养和储备定制的应届在校大学生管培生项目。鸿鹄计划十几年从未间断，为远洲培养了一大批优秀管理人才。对于绩效表现达到远洲"鸿鹄计划"要求的学员，甲方将优先予以晋升，并按照"鸿鹄计划"发展路径进行培养。远洲集团"鸿鹄计划"成长路径参考图4-2。

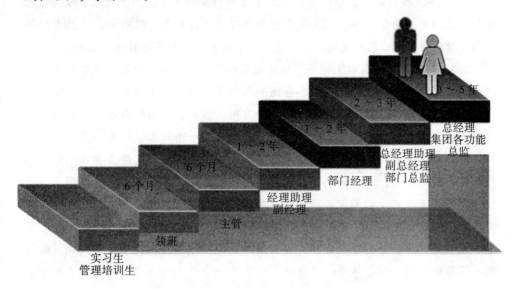

图4-2　远洲集团"鸿鹄计划"成长路径

备注：学员在达到鸿鹄计划标准后，按以上发展路径进行。

"鸿鹄计划"是公司为适应远洲集团的中长期战略发展计划和集团人才梯队建设的需要，旨在从订单班中挑选出优秀的人才，给予他们最大的机会和挑战，使他们以最快的速度发展成远洲集团的管理型人才，为集团的酒店、房产以及石化领域业务培养储备干部。

案例2：

吴杰超，男，旅游管理专业2015届毕业生，台州市金牌导游、黄岩区旅游大使，曾获浙江省导游技能大赛英文组一等奖、全国导游技能大赛中文组一等奖。2017年4月，代表浙江省参赛并荣获第三届全国导游大赛铜奖。5月，登上湖南卫视《天天向上》节目，讲述台科院学子的导游梦。11月，获宁波市导游风采大赛第一名。2015年8月至今就职于浙江光大国际旅游有限公司领队部，主要负责东南亚、日韩、澳新出境游。

吴杰超心语：怀揣梦想，用脚步去丈量整个世界。

从台科学子到全国优秀导游

吴杰超

2012年，我满怀对大学的憧憬进入了台州科技职业学院，并选择了旅游管理专业。最初的想法很简单，就是觉得旅游管理的内容应该比较有趣，而且考取导游证可以免费游玩祖国的大好河山，并没有坚定地想过把导游作为自己的职业。

2013年，浙江省高职院校导游技能大赛即将举行。学校选拔时原本报名中文组的我被建议参加英文组。接到参赛通知既有喜也有忧，喜的是才读大一便有幸参加省里的比赛，忧的是自己的口语发音有很多瑕疵。当时的指导老师是人文学院的李娜老师。应该说她更像一位姐姐，在备赛的一个月里，每天一遍又一遍地纠正我的发音，甚至有几个单词专门录音给我练习。谢文侃老师负责我们的知识模块，一天一小考，三天一大考。一千多道考题就这样拿下啦。依稀记得去浙旅院比赛的那天有点小雨蒙蒙，我们住在学校旁边的旅馆。抽好签，我们急急忙忙又开始了训练，知识、才艺、情景再现等环节一一比完，我的成绩还算不错。最后一天讲解完毕，等待分数公布，我看到谢老师比我还紧张，当结果揭晓，我拿到一等奖的时候，谢老师开心得仿佛自己拿了一等奖。2013年的省赛给了我很多磨炼，我也积攒了一些经验。

2014年3月初，学院通知我准备参加高校国赛。我当时想也没想就答应了，后来才发现国赛的考验度更大。参赛选手来自全国各大高校，近一千人。为了这次大赛，旅游教研室的老师可谓铆足了劲儿，倪玉屏、叶小平、谢文侃、李娜、王兵等老师轮流上阵指导我。反复推敲修改导游词，最后定下《南屏晚钟》。也是经过近一个月的训练，我们便赶往桂林赴赛。记得到了桂林已经很晚了，就在学校附近找了宾馆歇息。第二天开始报道、抽签、检录等等，所有比赛环节中我最难忘的要数讲解环节，当时大赛规定讲解时间为4分30秒至5分钟，不够时或超时均扣分。因为讲得过于投入，当提示员举牌提示时，我还有两段没讲，于是我赶紧在脑中重新组织语言，删减掉一段，讲解完毕4分55秒。最终拿下中文组一等奖和团体一等奖。

回想大学这两场比赛，对我而言真的有莫大的鼓励。人文旅游学院为我搭建了一个又一个成长平台，校企合作、产教融合的施行使我更早地进入职场，更好地得到企业导师的指点。学校、省、国家各级导游大赛为我提供了锻炼机会，使我积累了许多实战经验。旅游教研室老师也为我们付出了点点滴滴的心血。先说说谢老师吧，一直以为他是个粗心大意的大男子主义者，可没想到每一场比赛他都很细心。给我们提东西、倒开水，给我们鼓励……总是乐呵呵地忙个不停；倪玉屏老师一开始给人的感觉很严肃，接触下来真的是一位热心又知性的大姐姐，在我们紧张的比赛期间，经常释放一些冷幽默给我们减压。

2015年，我从台科院毕业，始终坚持"昨天我以学校为荣，明天学校以我为荣"，不忘初心，砥砺前行。2016年，我获得台州市金牌导游第一。2017年，我代表浙江省参加了由国家旅游局举办的第三届全国导游大赛，以全国12名夺得铜奖。作为一名"90后"的导游员，能取得这样的成绩，我深感荣幸。

从2013年省赛到2017年国赛，从台科院学子到全国优秀导游，一路走来，有自己的努力，更离不开母校、专业老师们的支持与帮助。

国家旅游局的一位老师在给我们培训的时候说："有时候不是你选择了路，而是路选择了你。"确实，最初的我并没有想过坚守在导游这份岗位上，然而一次次的大赛、一次次的磨炼让我清楚地认识到自己存在的价值，也使我坚定了导游一生的工作信念。

导而优，则教之。作为21世纪的优秀导游，我希望用自己的能力和光环照耀出更多的璀璨之星。作为台科院毕业的学子，我希望母校越来越好，培养出更多的旅游精英。

祝福台科、祝福旅管！

第五章　引企入教：打造生产性实训基地

　　"引企入教"就是将真实的企业环境与教学环境相融合，师生以工学结合、工学交替的方式在真实的职业场景中，按照企业服务流程开展实训和教学，培养师生的职业能力和综合素质，提高育人质量。校内生产性实训基地不仅是学生技能训练的场所，也是学生开始职场训练，形成职业道德、团队意识、安全规范意识等职业素养的开始，是打通产教融合的核心环节。

一、打造生产性实训基地的必要性

　　教育部《关于全面提高高等职业教育教学质量的若干意见》(教〔2006〕16号)提出高职院校要积极探索校内生产性实训基地建设的校企组合新模式，这是职业教育领域的一个创新。教育部于2007年发布的《国家示范性高等职业院校建设推荐预审标准(试行)》指出，校内生产性实训是指"由学校提供场地和管理，企业提供设备、技术和师资支持，校企合作联合设计和系统组织实训教学的实践教学模式"。后来教育部提出的"校中厂""厂中校"本质上还是生产性实训基地。生产性实训基地具有"校"和"企"双重属性，以"校"为本，以"企"为形。《国务院关于加快发展现代职业教育的决定》指出"对职业院校自办的、以服务学生实习实训为主要目的的企业或经营活动，按照国家有关规定享受税收等优惠"，明确支持职业院校建立"模拟企业、公司""校中厂"等，这为生产性实训基地的运作指出了探索方向。

　　企业是产教融合的重要主体，不仅是就业市场的人才需求方，对人才的岗位素养、职业能力、用人规格等有最直接、最敏感的需求，还是教育要素的有效供给方。企业的生产环境和生产流程是应用型人才培养的真实教育场景，企业的一线技术人员是应用型人才技术技能培养的首席职业教师。企业的工业文化是传承工匠精神的重要渠道，也是研究成果转化和技术转移的主战场；是学校服务区域经济社会发展的价值实现渠道，也是学校教育资源对接国家、区域产业链和创新链的第一环节。

《高等职业教育创新发展行动计划（2015—2018）》明确提出，要促进高职学生职业技能培养与职业精神养成相融合。生产性实训基地正是探索"工学结合、校企合作"人才培养新模式，推进职业教育"五个对接"的创新试验场所。在新时期，以现代职业教育理念为指导，进一步探索建设符合职业院校自身特点的校内生产性实训基地，对推进职业教育人才培养模式改革，提高人才培养质量，共同推进区域现代职业教育改革发展具有重要的现实意义。

二、生产性实训基地的特征

（1）建设主体多元性。生产性实训基地建设与运行需要行业、企业的深度参与，并引入市场化机制，采用多样化的筹资方式。探索实施学校提供场地，企业提供资金、设备、技术并全程参与基地建设与管理的实习基地建设模式，实现学校与企业信息互通、文化互融、人员互聘、资源共享。

（2）设备及管理先进性。这是教育的引领性和前瞻性决定的。生产性实训基地配置的设备工具、基地的文化氛围、工作情景和管理模式要与行业的龙头企业看齐，具备引领行业产业发展的作用。

（3）环境和项目真实性。教学性和生产性是生产性实训基地的本质属性。为实现教学课堂与生产岗位的有效对接，需要将企业的 ISO9000 质量管理体系和 7S 管理引入课堂，营造由"生产实践环境""教学实习环境""职业训导环境"三个要素组成的企业化育人环境，培养岗位职业能力和职业素质。实训项目要兼顾教学性和生产性，必须做学教合一的真实项目，使实训者在做中学，在学中做，边做边学，边学边教。实训过程要严格按照生产过程进行，严格遵守安全操作规程。学生以企业员工身份参与整个过程，遵守组织纪律。实训结果能提供一定的产品和服务，注重质量和效益。

（4）评价社会性。校内生产性实训基地在保证实践教学的基础上，具备为社会服务，提供社会所必需的产品，并创造相应收益的功能。教师的"教"、学生的"学"以及在实际工作过程中的"做"既要接受教师的教学评价，如学生掌握知识的程度、技能熟练水平、态度端正与否等，又要接受产品或服务的社会评价，接受市场的检验，以产品质量、服务水平以及顾客的满意度作为教学和经营效果的评价标准。

（5）功能开放性。校企合作生产性实习实训基地面向职业院校和社会开放，接受行业企业指导，开展交流合作，包括师生交流、技术交流和对外交流，承接职业院校师生实习实训、行业企业生产经营和员工培训、职业技能鉴定、各级技能大赛的训练等任务，以提高实训基地建设水平和运行效益。

三、建设理念

（一）育人为本

学校以培养人为根本目标，生产性实训基地必然要以教学为第一任务，以服务教学、服务学生及教师的成长为根本宗旨。生产性实训基地强调学生的参与，要使学生成为校企合作生产性实训基地建设的积极参与者和直接受益者。这是把握、协调基地各项功能主次关系的基本准则。在实践中，一些生产性实训基地只是名为生产性实训基地，实则是将教学场地出租给企业，成为企业的生产或营业场所，也成为学生或领导的参观场所，失去了其本来价值。

（二）校企合作

"产教融合、校企合作"是职业教育改革发展的重点、难点问题，建设生产性实训基地的主要目标就是为探索这一问题提供平台，因而基地建设要符合开展"校企合作、工学结合"人才培养的需要。生产性实训基地的特殊之处在于其"亦校亦企"的属性，切不可成为传统的以赢利为目的的校办企业。校企双方应平衡市场规律和教学规律，立足育人需求及自身优势，着眼合作共赢，把基地建成深化校企合作、推进产教深度融合、协同育人的创新平台。

四、校内酒店生产性实训基地——清扬苑的实践与探索

清扬苑于 2015 年 3 月完成内部装修，于 6 月初开始试运营。楼内共有 66 间标间，4 间单人间。为了保证教学实训目标的实现，学校自主经营和管理，严格按照学校的教学计划安排实习时间和内容，以锻炼教师，培养学生。

（一）组建管理团队

我们认为，校内生产性实训基地的管理队伍应始终以专业教师和优秀的酒店专业学生为主，服务员全部都是技能学习阶段的专业学生。专业教师既是教学人员，也是酒店管理人员。同时提供具有吸引力的人才聘用条件，聘用实业酒店优秀人员到本专业担任客座教授和客座导师，以弥补在职教师经验不足、来源单一的缺陷。学院先在 2014 级学生中广泛宣传，让学生通过面试，竞争上岗，组建了一支专业教师指导下的学生管理团队。团队设总经理 1 名，副总经理 1 名，前厅部、客房部、培训部总监各 1 名，部门成员 8～10 名，客房部再配备楼层主管

2～3名，管理人员由二三年级优秀学生组成，相对不变，部门成员以学号为基础，轮流担任。岗位实行轮岗制，每两个月轮岗一次，确保学生能在不同的岗位得到锻炼，实现一年内覆盖所有学生。（图5-1）

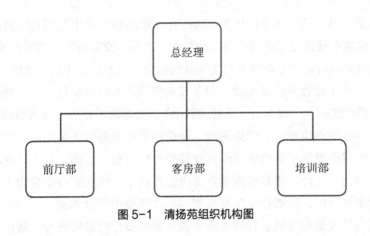

图 5-1　清扬苑组织机构图

（二）引进管理模式

黄岩耀达酒店是由香港佳兴集团有限公司与伟星集团有限公司按五星级标准建造的，集商务、旅游、休闲于一体的综合型酒店。学校与之有长期稳定的合作关系，学校酒店管理专业与耀达酒店建立了"示范岗"。基于此，酒店将企业先进的管理理念、管理方法与企业文化引入基地，建立科学合理的管理模式和运行机制。双方共同制定了清扬苑各部门的基本职责和要求，引进耀达酒店前厅接待记录表、楼层领班报告表、客房服务员工作表。耀达酒店楼层主管到学校为学生进行技术培训，讲解示范前厅接待、房间整理的具体要求及注意事项，提高学生的操作技能。实行校企专业技术人员定期换岗交流制，确保服务质量与水平。为调动学生实训的积极性，学校以奖学金的方式支付给学生一定的报酬，但要严格按企业的绩效进行考核。

（三）开展实践教学

生产性实训要求对教学方法、教学内容进行大胆改革，倡导项目式、过程式、任务驱动式的教学模式。为此，我们以酒店运营管理、前厅服务与管理、客房服务与管理、酒店营销等为主要项目，以分组教学、现场教学、案例教学和项目教学为主要手段，实施以真实产（作）品为载体的实习实训和培训，全程实现"做中教、做中学"；对实习实训过程和结果进行考核，综合评定学生的实习实训成绩，从而实现学校教学环境与企业现场环境、学校文化与企业文化有机融合。基地教学功能突出，每年承担职业院校师生实习实训超过 6 000 人日。

（四）成效与反思

几年来，共接待宾客 6 000 多人次，有 120 多名学生参与接待、管理、清扫等任务，学生在接待过程中操作技能和组织、协调、交际等能力都得到明显提升，清扬苑已成为酒店管理专业学生的实训基地和经济型酒店人才培养基地。

（1）校内生产性实训基地既克服了校内实践环节以模拟性为主的局限性，将传统的"模拟式教学"提升为"体验式教学"，又解决了校外实训基地的酒店在具体操作中存在的岗位单一、轮岗困难、岗位以基层服务为主的问题，比如，学生较难有机会多角度地了解酒店运作，也较少有机会独当一面，自主处理服务过程中的各种问题。此外，相对校外酒店来讲，校内生产性实训以学生为主体，以培养学生为主要目的，能够让学生在真实的工作环境中深度体验。可以说，校内生产性实训的导入是提高酒店管理专业实训水平和质量的必要途径，通过实训基地的训练，学生的专业化、职业化、规范化水平达到传统课堂上达不到的效果，顺利实现"教、学、做"一体化。

（2）管理团队的核心成员得到了全面的实践锻炼，这也是一次独特的创业活动，他们的组织管理能力、沟通协调能力得到全面提升，为日后从事酒店管理工作打下了坚实的基础。多数学生在实习不久就提升为领班，个别学生毕业后从事民宿和经济型酒店的管理工作。通过轮岗制，使全体酒店管理专业学生有了两个月的真实的酒店管理实践，其实践操作技能、应变能力、独立思考能力、管理能力得到了明显提升。

（3）整合了教学资源。相对于一般的软件应用实训室，酒店管理专业的校内实训室往往单纯为某一专业课程设置，较难实现与其他课程或专业资源共享，而且占地面积较大。比如，客房实训室专为《客房服务与管理》开设，酒吧实训室专为《酒水服务与调制》开设，餐饮实训室则为《餐饮服务与管理》开设，因此普遍存在利用率低、闲置时间长的问题。建设校内生产性实训基地是完善实训基地功能、健全实训基地管理的重要契机，也是提高酒店管理专业校内实训基地利用率的最佳途径。生产性实训基地既能满足日常教学需要，又能在实训教学之外保持正常经营，集教学、生产和服务社会于一体，既拓展了实训室的功能，又提高了实训室的利用率。

（4）实现了高职教育的三大转变。改变传统以学科知识为主构架的课程内容，建立以学生能力为基础，基于工作过程，以"典型工作任务"为载体构架的课程内容；改变传统的以专任教师为主体、以课堂为中心、以理论教学为主导的教学模式，建立以学生为主体、工学交替、理实一体的教学模式；改变单一结果评价方式，建立过程评价与结果评价相结合的学习考评方式。

（5）清扬苑由于是学校独资的，校企合作仅限于技术指导和具体做法的引进，企业介入较浅，企业文化渗透不够，服务质量和水平难以提高。

五、校内旅游生产性实训基地假日国旅的实践与探索

浙江假日国际旅行社有限公司创立于1997年，总部位于温岭，是台州地区最早一批具备独立法人资格的旅游公司。经过多年经营，它已成为台州最具实力和初具综合型规模的旅游企业之一，经营业务覆盖出境旅游、国内旅游、入境旅游、公务商务考察、票务、订房、翻译、签证及留学等。

（一）合作模式：浙江假日国旅旅行社台科院门市部

2014年，为了推进校企合作，培养高素质、高技能的旅游"领班"型人才，促进台州旅游产业的快速提升，双方本着实行"优势互补、资源共享、服务社会、相互支持、共同发展"的原则，经充分协商，决定开设旅游管理定向班，即"假日国旅班"。为了满足培养高素质技能型人才的需要，双方协商建立"共建共享"型校内生产性实训基地的建设模式。学校提供场地和办公设备，学校提供了一间一楼的房间作为旅行社营业部的营业场所，负责营业部的装修、办公设备的购置。企业提供管理人员及资源，浙江假日国旅旅行社选派了一名能力全面、管理经验丰富的工作人员到营业部负责业务管理，并为营业部提供所有的经营管理资源（产品供应商、旅行社操作软件、旅游产品网店账号等）。学校选择一名专业教师作为营业部校方负责人，主要职责是协助企业负责人做好学生实训的组织工作，并参与营业部的经营管理。

（二）运营管理

由于营业部不具备法人资格，为非独立核算单位，没有独立签订合同的权限，所以在双方协商的提前下，企业对营业部实行统一管理，即统一形象、统一管理、统一财务、统一招徕、统一接待。营业部的盈亏由企业承担。

（三）实践教学

一是实施公司化管理。将全体学生分配到营业部的接待部、销售部、计调部、导游部等部门工作，并实行轮岗制，学生具备了学校学生和企业准员工的双重身

份。教师根据"旅行社经营与管理""旅游市场营销""旅行社计调业务""导游业务"等核心课程的具体内容，组织并指导学生实训，师生在校内生产性实训基地共同学习和成长。

二是依托营业部，开展教学改革。校内生产性实训基地为学生构建真实的职业环境和训练情境，学生在导游培训室上课，下课即到旅行社营业部上班或做导游带团，实现了课堂与实习地点的一体化，实施了教学做结合、工学交替的教学模式。

三是进行项目化课程体系改革。根据旅游企业工作岗位的能力需要和典型工作任务，分析工作岗位的能力、工作任务及其工作过程，以实际工作任务设计学习任务，以实际工作过程设计教学过程，突出学习任务的职业情境。（表5-1）

表5-1 《旅行社经营与管理》课程教学项目

学习情境	工作任务（工作流程）	教学活动设计	学时
项目一：旅行社的设立及组织构建认识	任务1：组建旅行社 任务2：办理旅行社设立申请	1. 旅行社设立的市场调研 2. 旅行社设立的申请 3. 设计旅行社组织形式与机构设置	6
项目二：旅行社员工的招聘与培训	任务1：旅行社员工招聘 任务2：旅行社员工培训	1. 制定旅行社招聘方案 2. 确定招聘岗位面试问题 3. 制定岗位工作说明和新员工培训方案 4. 制定员工工资、福利和绩效评价表	8
项目三：旅行社销售业务	任务1：直接向旅游消费者销售旅游产品 任务2：通过渠道销售旅游产品 任务3：利用广告进行旅游产品的促销 任务4：完成销售市场的分析报告	1. 直接向旅游消费者销售旅游产品 2. 通过渠道销售旅游产品 3. 利用广告进行旅游产品的促销 4. 完成销售市场的分析报告	12
项目四：旅行社计调业务	任务1：旅游产品设计 任务2：旅游要素采购 任务3：组团计调业务 任务4：地接计调业务	1. 设计旅游产品，制定行程 2. 同业操作，吃、住、行定点单位的选择与确定，景区谈判与关系处理 3. 组团计调业务操作 4. 地接计调业务操作	12

学习情境	工作任务（工作流程）	教学活动设计	学时
项目五：旅行社接待业务	任务 1：团体旅游的接待 任务 2：散客旅游的接待 任务 3：门市接待 任务 4：导游接待	1. 团体旅游接待 2. 散客旅游接待 3. 门市接待 4. 导游接待	12
项目六：旅游投诉与事故的处理	任务 1：制定旅行社投诉受理与事故处理监管体系 任务 2：受理客户投诉与事故处理	1. 旅行社投诉受理与事故处理模式调研 2. 建立旅行社客户投诉受理及事故处理监管体系 3. 模拟受理客户投诉和事故处理	10
项目七：旅行社财务运营	任务 1：了解旅行社财务管理规定 任务 2：旅行社团队业务报销	1. 案例分析不同规模旅行社的财务管理规定 2. 导游根据计划书和行程完成情况填写支付表	6

四是考核方式的改革。生产性实训基地要结合完成工作任务的效果对学生学习成绩进行考核评定，教师要向学生布置工作任务以及每个教学项目的学习目标、学习时间和学习成果。课程结束后，教师主要根据学生在营业部的工作业绩对学生进行课程考核。

（四）成效与反思

旅行社营业部经过三年多的运行，在各方面取得了显著的成效。

一是门市部的开设，真正实现了引企入校，使企业的环境、制度、文化在学校落地生根，使学生能在真实的职场环境学习和工作。教学与经营同步进行，实训的内容以旅游企业工作任务为中心。学生在真实的工作环境、企业文化和职业体验中完成真实的工作任务，按企业员工的标准对学生进行多维度的考核，从而有利于培养学生的职业技能、职业素质、劳动意识、质量意识、责任意识，使学生有更明确的职业目标和更强大的职业发展动力，实现成为有良好职业素养的高技能旅游人才的目标。

二是生产性实训基地的建设，使课程改革形成了倒逼机制，推动了以工作过程为导向的课程体系改革。依托旅行社营业部，学校与企业共同开发课程，按旅行社的工作流程和职业岗位要求，设置课程体系，校企合作开发工学结合教材，初步形成了"以满足旅游行业需求为目标，以能力为本位，以工作过程为导向"的职教理念和高职旅游专业课程体系，从而推进了"教、学、做"一体化的教学改革。

三是培养了双师型教师，构建了"双师"结构的教师队伍。基地突破了教师到企业锻炼存在的时间和地域的困难，专业教师在旅行社营业部具备教师和部门主管的双重身份，教师通过参与营业部的建设和运行，得到了实际锻炼，成了真正的双师型教师。旅行社管理人员通过指导学生实训，也成为兼职教师，从而完善了师资结构，构建了"双师"结构的教学团队。

四是提高了学校的社会服务水平。旅行社营业部利用完善的教学实训设备和双师型的师资，面向社会开展职业资格鉴定和在职培训。我校是旅游局指定的国家导游员资格考试考前培训机构和考试点，面向学生和社会开展导游员考前培训和组织考试。同时，为旅游景区、民宿经营者和旅行社的在职员工进行景点导游、服务礼仪、餐厅服务等项目的培训。

实践证明，校内生产性实训是实施工学结合教学模式的一种形式，加强校内生产性实训基地的建设与运行管理，系统地设计、组织、管理生产性实践的教学环节，有利于高素质技能型人才的培养，也是高等职业技术教育办出特色的有效途径。

案例：

校内酒店生产性实训基地——清扬苑

清扬苑（图5-2）于2015年3月份完成内部装修，于6月初开始试运营。楼内共有66间标间、4间单人间，全部交由人文旅游学院管理。

组建管理团队：学院先在2014级学生中进行宣传，让学生通过面试，竞争上岗，组建了一支专业教师指导下的学生管理团队。团队设总经理1名，副总经理1名，前厅部、客房部、培训部总监各1名，客房部再配备楼层主管2～3名，明确了清扬苑各部门的基本职责，负责清扬苑的日常运营。

引进管理模式：与黄岩耀达酒店合作，学习其管理模式，制定了清扬苑前厅接待记录表、楼层领班报告表、客房服务员工作表。

开展技术培训：邀请耀达酒店楼层主管李华、刘梦到学校为学生进行技术培训，讲解并示范前厅接待、房间整理的具体要求及注意事项，提高学生的操作技能。

交流学习：组织管理人员赴黄岩旗隆万豪、临海远洲酒店等参观、学习。

两个月共接待宾客600多人次，有120多学生参与接待、管理、清扫等任务，学生在接待过程中操作技能和组织、协调、交际等能力都得到明显提升，清扬

苑已成为酒店管理专业学生的实训基地和经济型酒店人才的培养基地。（图5-3、图5-4）

图5-2　校企生产性实训基地：清扬苑

图5-3　学生在铺床服务

图5-4　学生在前台服务

第六章 变教材为学材：基于工学一体化的学材建设

教材是体现教学内容和教学方式的载体，是把教育思想、观念、宗旨等转变为具体教育现实的中介，是教学改革成果的结晶，也是教育教学改革的一个重要方面，更是实现培养目标的重要工具。它对稳定教学秩序、提高教学质量、深化课程内容体系改革、推动高职教育发展、办出高职院校特色具有重要意义。

我国高等职业教育起步较晚，对高等职业教育的研究特别是教材的研究相对滞后，导致各学科缺乏成套的、与高职教育发展相适应的且能体现高职教育特色的教材，"高攀""低就"现象严重。"基于工作过程"的模式是德国职业教育专家经过十几年的实践开发的一整套包括理念、指导思想、具体操作方法等的教育理论体系。其核心是培养学生的综合职业能力，即专业能力和专业之外的能力（方法能力、社会能力等）。传统教材主要呈现和传授显性知识，缺乏与工作的直接联系，对提高学生综合职业能力的作用十分有限。要想促进学生综合职业能力的发展，需要采用科学和系统地组织学习内容的新载体，即学材。它能帮助学生在学习新知识与技能的同时获得关键能力，特别是与自我发展最紧密的学习能力。

一、高职教材建设研究综述

（一）关于高职教材建设

对于高职教材现状，较多学者进行了分析评价，从总体情况来看，存在较多问题。李辉、吴博（2007）通过对高职教材建设基本现状调研，在对调查数据进行分析的基础上，总结了我国高等职业教育教材建设所取得的成绩与存在的不足。沈海娟、申毅等（2006）指出，现行高职教材缺乏特色，没有从根本上反映高职教材的根本特征。王婉芳（2007）指出，现行的高职教育缺少符合高职特色的"对口"教材，具有独创性且能体现高职特色的教材很少。吴剑、金立群等（2006）认为，现行的高职教材缺乏科学理论的支持，与专业教材配套的实践教材严重不足；

教材内容陈旧、平淡，知识重叠，缺少创新，很难激发学生学习的积极性。总之，目前各类高职院校所实施的教材总体水平不高，大部分内容陈旧，只是对原来中专、专科、本科的简单删减；基础理论知识过多、过于重复，内容缺乏灵活性；实践环节涉猎较少，与企业行业的最新技术、工艺流程联系较少，学生所学的教材不能很好地为企业服务，与将来的岗位群无法实现"零对接"；教材内容与职业资格证书制度缺乏衔接，与"双证制"脱节。可见，传统的教材从内容到结构都已经无法满足学习领域课程教学实施的需要。

（二）关于"学材"

教科书"学材化"问题与"学材"概念的提出密切相关。"学材"概念最早由日本的教科书研究中心提出。在《关于教科书的内容和版式的改革》的研究报告中，教科书研究中心提出了变教科书为学生"学材"的建议。这一建议在 1987 年被当时的"文部大臣咨询机构临时教育审议会"接受，"学材"这一概念也被写入了教育改革第三次审议报告中。"学材"这一概念一经提出，便引起了我国学者的广泛关注。沈晓敏（2001）最先对日本在教科书"学材化"研究方面的成果进行系统介绍，使"学材"这一概念为我国学术界所知。钟启泉教授（1989）提出，在新的信息技术时代，教科书要进行转型，从历来的"作为教学之用的主要教材"转型为"作为学生之用的主要教材"，简而言之，就是从"教材"转型为"学材"。有学者认为，从"教材"到"学材"不是简单的概念置换，而是标志着新的教学观的确立。

从世界范围来看，现代教材的功能正由教的方面向"学材化"研究的方面转化。国外有学者把课程观的转变概括为六条，其中第六条是"从突出教师感兴趣的教学内容向突出学生感兴趣的内容的转变"。许多新编的教材不仅把教科书当成学习的资源，还强调教科书是学生学习和教师教学的工具，多数教科书都把教学内容和学习过程结合起来进行编写，使课本成为学习的指南。由此可见，教科书的"学材化"是世界性的课程教材发展趋势，是任何国家的教材改革都必须遵循的规律。

（三）关于工学一体化的高职学材建设

针对高职教材建设的现状，许多学者提出要产学结合共同编写教材。赵居礼、王艳芳（2004）认为，教材内容应尽可能以技术问题为中心来设计和组织，注意以问题引出概念知识。蒋晖(2006)指出，学校与公司共同承担对应用型人才的培养是高职教育一个很好的思路，要积极探索学校和社会共同培养人才的双料教材建设。赵志群（2009）在开发学习领域课程的同时，开始了职业教育特色教材的设计与编写，如学生工作页的内容及其结构，实现了学习内容与职业工作要求的有效对接，体现了鲜明的职业教育特色，在工学结合一体化课程的教学实施中显示了不可替代的优势。工作页的编写与出版为职业教育教材研发提供了新的思路，丰富了职业教育类教材库。

二、高职学材建设的理论基础

建构主义学习理论认为，学习的本质是以原有经验为基础的积极自主的意义建构过程，是主动而不是被动，是建构而不是接受，既是个体化的，也是社会性的。学生并不是空着脑袋进入教室的，相反，学生在日常生活中积累了丰富的经验，他们正是据此对眼前的事物或现象提出自己的看法，形成自己的解释，建构自己的意义。即使有些问题是他们从来没有接触过的，没有现成的经验可以借鉴，但是当问题呈现在面前时，他们还是会基于以往的经验，依靠自己的认知能力，形成对问题的解释。

人本主义教学理论代表人物罗杰斯主张学校应该"培养出真正的学生，真正的学习者，创造性的科学家、学者、实践家，以及这样一种人：在现时所学到的东西和将来动态的、变化的、变幻莫测的问题及事实之间，他们能生存于一种美妙的但不断变化的平衡之中"，同时强调人人都有学习动力，都能确定自己的学习需要，教学必须以学生为中心。因此，学校教学的基本目的是促使学生在教师的帮助下激发自己高层次的学习动机，充分发挥自己的潜能，并发展积极向上的自我概念、价值观和态度体系，从而使学生能够自己教育自己，最终把他们培养成为人格充分发挥作用的人。

多尔的后现代课程观和派纳的存在体验课程都是从过程的视角而不只是从内容或材料（"跑道"）的角度来界定课程，不再将其视为固定的先验的跑道，而是个人转变的通道。因而，在课程内容上要有多种可能性或多重解释，要有"适量"的不确定性、异常性、模糊性。

因此，无论学习论、教学论还是课程论都为学材建设提供了理论基础。

三、高职学材的内涵与特点

与传统教科书相比，"学材"是用于"直接帮助学生学习"的教学材料，从学生的工作和生活经验出发，激发学生学习的积极性；引发学生产生问题和疑问，促进学生思考和反思；突出学生的职业活动，让学生通过在工作情境中的经验性学习，建构自己的知识体系。高职学材建设的核心理念是"以学生为本，促进学生发展"，使学习的过程成为与客观世界、他人、自我进行对话和交往的过程，成为实现自身价值和体现自身人格的过程，使学习成为创造世界、探索自我、结交伙伴的三位一体的对话性实践，使学生在掌握知识技能的同时，学会学习，养成良好的习惯，树立正确的价值观，提升综合职业能力。

（一）突出主体性

建构主义的学习思想为人们提供了一个生成主体性的视野和思维空间。根据这种学习观点，教育关注的焦点应从教师的教学转移到学生的学习和学生对知识意义的形成上，从而唤起对学生主体性的真正关注。高职学材应定位于学生是自主的学习者，明确学材的服务对象是学生而不只是教师，体现学生的主体地位，为学生的自主建构、自主探究提供机会和创设条件。

（二）强化情境性

高职教育是为工作做准备的教育，所培养的学生毕业后必须能够有效地完成所承担的职业工作任务。对职业教育课程而言，情境化是吸引学生、联系生活的重要途径之一。"只有在真实的学习情境中，当学生积极地完成具体任务、努力地思考其中的实践性问题时，知识才有可能在其认知结构中与工作任务建立有机联系。"因此，学材内容的选择不能脱离学生的经验世界，否则学生很难在新的知识信息与已有的知识结构之间建立一种非人为的实质性联系。其所选用的素材要尽可能地来自学生的现实，即学生在日常生活中所听到、见到和感受到的现实，也可以是他们在其他学科学习中所思考或操作的、属于思维层面上的现实。学材在内容呈现方式上要尽可能地与真实的问题或类似的生活情境相连，并从素材编排的结构这一角度对其进行重组与再加工，着力表现出工作过程结构的完整性、工作要素的全面性，体现"教、学、做"合一的价值取向，从而使学生掌握概念的复杂性，提高知识的迁移能力，充分调动学习的动机。这是因为"对学习者来说，在事件展开的顺序中，深度理解性的建构通常是由一个好的问题来激发的，并且这种激发要比那种号称是一条条介绍概念的认真安排好了的顺序授课更有效"。另外，精心创设的问题情境也有利于促使学生的认知结构产生冲突，发生变革重组，从而突出学生的职业活动，让学生通过在工作情境中的经验性学习建构自己的知识体系。

（三）促进对话性

促进对话是创造"活动的、合作的、反思的"学习的唯一途径。"学习只有在与教师、教材、学生、环境的相互关系中，才能够得以生存和发展。"建构主义的学习观认为，知识不能通过传递来接受，只能通过建构来获得。这就要求学材内容要避免直接呈现结论、权威的观点，在陈述方式上避免绝对客观的描述，留给学生自主建构的空间，使学生能够经历知识获得的过程，并在这一过程中掌握学习方法，体验知识探究的乐趣，树立积极的学习态度。同时，在呈现方式上，做到丰富多彩，版面生动活泼，多运用启发式问题、参与性表格以及图片、动画、音频、视频等，用学生易于接受的表达方式隐蔽教育意图，着力凸显学生与教材之间开放式、互动性的交流与对话，并进一步引导学生做好自身与学材之间的互动对话，拓宽学生表达与交流的渠道，为他们创造更多与同伴、与问题情境、与现实生活、与自身原有知识经验等进行对话与互动的机会，从而为其交流能力、合作探究能力等的提升营造更为广阔的空间。

（四）有利探究性

建构主义的学习实质上是一种自主探究的学习，即学习是在已有经验基础上的自主建构，在这一过程中，学习者个体在已有经验背景下自我监控和自我建构，因此具有鲜明的个人色彩。意义不是强加的或被动接受的，而是主动探究建构的过程，因此具有探究性。教育的最终目的是把学生培养成为独立的终身学习者，以及能够对自身一切行为负完全责任的人。这种自我管理式学习方式在一定程度上为学生提供了设计与完成学习任务的自由空间，极大地调动了学生的学习热情和能动性，使他们能够对自己的学习与工作负责，真正成为学习与工作的主人，有力地促进了教育目标的达成。由此，学材既要创设利于学生自主、探究学习的问题情境，也要安排学生之间、师生之间进行交流、争议、意见综合的环节，以帮助学生建构起更深层次的理解，提升学生的社会能力。

（五）实现合作性

学习不是一种孤立的个人行为，知识意义建构是在师生之间和学生之间（群体或社会）的相互作用中逐渐完成的，因此具有合作的性质。学习领域课程是理论实践一体化的课程，需要采用适合学生特点、课程特点且具有职业教育特色的教学方法。而小组合作学习的行动导向教学法是符合人的认识规律的教学指导思想和学习方式，有利于学生综合职业能力的形成，是职业教育学习领域课程教学的必然选择。行动导向教学是让学生以个体或小组合作的方式围绕明确的学习目标，通过完成一系列的综合性学习任务学习新的知识与技能、提高综合职业能力的教学过程。这里的"行动"不是简单的重复性操作，而是为达到学习目标而进行的有意识的行为。在行动导向教学中，不强调知识的系统性，却关注以小组合作的形式独立制订工作和学习计划、实施计划并进行评价反馈，以"完整的行动模式"替代完成外部规定任务的"部分行动模式"，让学生通过主动、整体化和合作式的学习达到脑力劳动和体力劳动的统一。

四、高职学材的设计构想

（一）目标设计

"学材化"教科书的目标设计除了应具备一般目标设计的要求外，还要侧重从学生的视角出发，基于学生的现实，着眼于使学生在原有基础上获得发展，包括对客观世界的意义获得，通过反省进行自我探索，以及在与他人交往中重建对他人的理解，体现学生经过学习在知识与技能、过程与方法、情感态度与价值观方面所获得的发展，使学生成为学会学习、学会做事、学会生存、学会合作的终身学习者。

（二）内容设计

要建立、恢复学习的意义，就必须让失去的真实世界和忽略的学生经验重新回到课堂上，而教科书就是联系三个世界的重要通道。由此，"学材化"教科书在内容的选择上要有助于学生将外部的世界、已有的经验世界和第三世界恰当地联系起来。"在此，外部的世界不是一个有待'客观地'加以认识的存在，而主要是学习者在外部世界的真实情境中面临的实际问题；已有经验不仅包括已经获得的抽象知识，还包括来自各个领域的生活经验和思维经验。"当然，也不能轻视"第三世界"，没有"第三世界"的中介，我们永远要重复人类的认识活动，这是不必要的，也是不可能的。

（三）体例结构设计

学材体例结构要符合高职教育特点，贯彻任务驱动、项目导向的教学思想。每一课栏目的设计分为任务栏、案例及分析、资料库、工具箱、管理器（拓展板块）等。

（四）媒体设计

由于不同的媒体具有不同的特性，因此要根据具体的编制目标、教学内容、使用对象、经济和文化因素、教师的素质等，再综合媒体的特性来考虑媒体的选用问题。例如，录音带和光盘适合展现事物的发生、发展过程，图形资料能够形象生动地展示问题，文字材料更适合表达抽象的概念和描述事物的特征。因此，"学材化"的教科书在选择媒体时，应根据具体的需要，而不应只是追求新技术、新成果的展现。

五、基于学材视角的《台州旅游与文化》建设

《台州旅游与文化》是从旅游角度探讨台州地方文化及其旅游资源的学材，它综合运用了历史学、旅游学、宗教学、美学、文化学等学科的理论知识，是台州市旅游从业人员、旅游者以及实际开发台州旅游文化和旅游资源的重要参考书籍和资料。

（一）课程性质

《台州旅游与文化》是旅游类专业为了适应全国导游证考试中面试的要求而开设的一门专业基础课，也是台州市高校学生人文素质培养的一门基础课程。它具有综合性、实践性、地方性的特点。

（1）综合性。旅游文化是涉及历史、地理、文学、美学、旅游学等方面的知识综合性课程。

（2）实践性。《台州旅游与文化》的根本目的在于培养学生的读（查找资料）、写（撰写导游词）、导（现场讲解）能力。

（3）地方性。课程内容仅限于台州本地旅游与文化，目的是开展乡土教育，了解乡土文化，加速融入台州，有利于台州和谐社会建设。

（二）课程目标

《台州旅游与文化》的总体目标：要求学生初步掌握台州旅游文化的基本知识和基本理论；了解和认识台州悠久的历史和丰富的文化内涵，提高自身的专业知识水平与综合文化素养；通过实践与实训获得导游实务与操作技能；初步形成对台州文化的认同感和归属感。

1. 知识与能力

了解台州旅游文化的基本知识和基本理论。

了解和认识台州悠久的历史和丰富的文化内涵。

培养和提高学生鉴赏、识别旅游文化的能力以及分析、探讨旅游文化的能力。

培养和提高学生写导游词、进行景点讲解等专业实践能力。

2.过程与方法

认识旅游文化学习的一般过程。学习旅游文化是一个从感知到实践不断积累知识，进而不断加深对历史文化理解的过程，也是主动参与、学会学习的过程。

掌握旅游文化学习的基本方法，即与实践相结合。

注重探究学习，善于从不同角度发现问题，积极探索解决问题的方法。

养成独立思考的学习习惯，能对所学内容进行较为全面的比较、概括和阐释。

学会同他人尤其是具有不同见解的人合作学习和交流。

3.情感态度与价值观

提高学生自身的文化修养、专业素养。

培育学生热爱优秀传统文化的热情。

认识人类社会发展的统一性和多样性，理解和尊重各地区文化传统，汲取人类创造的优秀文明成果，形成对地方文化的认同感。

（三）主要特点

1.教材结构突显项目教学要求

本学材由台州概况、天台山文化、临海古城文化、黄岩桔乡文化、台州海洋文化、台州红色文化、台州商贸文化、台州民间文化八个项目构成，层次分明，条理清楚，是一个有机的整体。体例按任务驱动编排，符合高职学生的认知规律，实现了"教、学、做"一体化。每一个项目在项目综述的基础上安排3～5个任务，体现了最新的高职教改理念。

2.变"教本"为"学本"

整合课程内容，本教材围绕全国导游证考试要求，加大了对台州旅游景点背后的历史、文化知识的介绍，突出应用性，体现以"学习者为中心"的思想，变"教本"为"学本"，注重选材的典型性、实用性、生动性和拓展性。目的是通过教学，培养学生的读（查找资料）、写（撰写导游词）、导（现场讲解）能力，使学校的人才培养与就业市场融为一体，互相促进，使学生毕业时就具备就业的必备条件，达到"以就业为导向"的目的。

3.兼顾针对性和广泛性

本学材可读性强，兼顾旅游专业和其他专业学生学习使用，可作为台州地方导游培训教材，也可作为台州高校人文素质教育选修教材。

4.重视实践教学

设置学生之间的交流、实地考察、撰写导游词、现场讲解、研究性学习等实践性、开放性题目，注重职业技能培养，体现理论与实践的统一，实现"教、学、做"

一体化。

5. 校企合作、多校联合，能有效推动工学结合等教学改革

本教材已列入主编所在学院"推动有效教学的校企合作开发系列教材"加以建设，将全面体现高职院校"有效教学"的基本思想。编写者还分布在台州其他院校、旅游企业等，将充分吸收各校教材编写的成功经验。

六、基于工学一体化的高职教学方式和师生行为模式转变

教科书"学材化"的目标是便教利学，因此"学材化"教科书应如何有效使用就成了教科书"学材化"之后必须解决的问题。教师的教学理念、教学方式和学生的学习方式都将发生根本性的变革。

（一）营造职业化的教学环境

实施工学结合一体化课程需要特定的教学场所，因此职业院校应当根据典型工作任务和学习情境的要求，为学生创设一个尽量真实的工作环境。目前，许多高职院校提出要实现校企零距离对接，培养高素质技术应用性人才。这就要充分利用教室、实训室、企业实习场所，做到三个"无缝对接"：理论教学与实践教学对接、实训环节与工程技术应用对接、素质培养与企业一线人才要求对接。在这个方面，浙江省的一些示范性高职院校一直走在前列，出现了很多具有鲜明职业教育特色的校园环境、实训环境和教室环境。例如，温州职业技术学院提出"三个合一"，即教室与实训室合一、学做合一、校企合一，从改变校园形态开始，教室改为教学工厂、实验室改为生产车间，模具、制鞋、服装、数控等专业在生产车间上课。金华职业技术学院提出校内基地生产化（规章、流程、管理按企业生产要求），校外基地教学化的建设方式。浙江工贸职业技术学院校企一体（学校办企业 10 家）、产教一体（教学模式）、学做一体（学习模式）。湖州职业技术学院面向区域主干产业和典型工艺，建设生产性、创业性实训基地，各专业群根据产品、业务、工艺的特点，引进企业或企业生产线，建立教学和生产有机结合的校内生产性实训基地；引入机电、汽车、外贸、商业等企业，形成了工厂式、商业化的校园形态；建立大学生创业园、教师创业工作室、创新创业班，推进了创业教育深入开展。总之，职业化的校园环境、教学工厂、生产车间、创业园区、创业创新文化等新的校园形态和校园文化为学生掌握职业岗位的默会知识、形成职业意识营造了良好的认知环境，潜移默化地影响着学生。

（二）构建理论实践一体化的课程体系

职业教育是为工作做准备的教育，所培养的学生毕业后必须能够有效地完成所承担的职业工作任务。要实现职业教育的这一职能，就必须把学习的内容设计为工作，让学生通过工作实现学习。实践证明，传统的学科逻辑的课程体系是无法培养学生综合职业能力这一目标的。为了让学生获得"工作过程知识"，学会工作，必须实施基于工作过程的课程。即遵循"工作过程导向"的实践逻辑顺序构建课程体系，以解决实际问题为中心，打破"学"与"做"的界限，使理论知识教学服从并服务于所要解决的职业领域的现实问题。

近年来，许多高职院校采用目前世界上先进的职业教育课程开发的技术手段——工作过程导向的职业教育课程开发方法，即"企业实践专家访谈会"和"典型工作任务分析"的方法，在整体化职业资格研究和遵循人职业成长规律（从职业领域的初学者——职业领域的专家）的基础上，通过相关职业的典型工作任务分析，梳理与归纳职业的典型工作任务。每一个典型工作任务对应一门学习领域课程，这样每一个专业就形成了新的由 10～12 门课程构成的专业核心课程体系（学习领域课程体系）。可见，新的专业核心课程体系中的每一门课程都来源于职业行动领域（一个典型工作任务），重构后的专业核心课程体系彻底改革了传统的、学科体系的职业教育课程设置模式，为实现高等职业教育的培养目标提供了最根本的保证。

（三）突出"学徒制"的实践教学形式

"校企合作、工学结合"是我国高职教育理念的重大变革，也是我国高等职业教育改革与发展的方向。实践教学是高职教育的特色所在，也是高职区别于普通高校的本质特征。高职教育的成功与否主要取决于实践教育环节的成败。通过产学合作，由企业提供最先进的操作设备、仿真环境、科学的管理理念和敬业精神，而学生所学正是现实所用，这样培养出的毕业生才是真正意义上的"高级技工"。例如，苏州工业园区职业技术学院与德国费托斯、美国艾默生、瑞士夏米尔等著名跨国公司合作创建了"技术培训中心"，从而不断更新培训设备，为学生掌握新技术、新装备创造了条件。

英国哲学家波兰尼认为，师徒关系是传递默会知识最有效的形式，他指出："一种无法言传的技艺不能通过规范流传下去，因为这样的规范并不存在。它只能通过师父教徒弟这样的示范方式流传下去。"研究表明，"学徒制"是默会知识"群化"传递的一种重要方式，跟师学徒的过程就是一个分享经验、形成共有思维模式和技术能力的过程。因此，高职院校应积极倡导跟师学徒的"校内实训导师制"和"校外实习顶岗制"。

（四）推行"行动导向"的教学过程

对职业教育课程而言，情境化是吸引学生、联系生活的重要途径之一。"只有在真实的学习情境中，当学生积极地完成具体任务、努力地思考其中的实践性问题时，知识才有可能在其认知结构中与工作任务建立有机联系。"

职业教育的课程要教给学生工作过程的相关知识，学习领域课程更是学生获得工作过程知识的捷径。行动导向教学即让学生以个体或小组合作的方式围绕明确的学习目标，通过完成一系列的综合性学习任务学习新的知识与技能、提高综合职业能力的教学过程。这里的"行动"不是简单的重复性操作，而是为达到学习目标而进行的有意识的行为，即以"完整的行动模式"替代完成外部规定任务的"部分行动模式"；学生在完整的工作过程中经历明确任务、制订计划、做出决策、实施计划、质量控制、评价反馈六个工作环节，学习解决问题的知识，掌握执行任务的操作技能，积累工作经验，养成工作过程的思维习惯，建构自己的知识体系，获得整体化、系统化思维与设计等关键能力。学生通过主动、整体化和合作式的学习，达到脑力劳动和体力劳动的统一。实施行动导向的教学过程打破了以往从理论到应用的教学方法体系，有利于学生综合职业能力的形成，是职业教育学习领域课程教学的必然选择。

（五）实施"合作探究"的教学策略

小组合作解决问题是项目教学的一个重要特征。"由于学生已有的经验、文化背景的特殊性，学生对事物的理解会各不相同。合作学习能使学生看到问题的不同侧面，对自己和他人的观点进行反思和批判，从而建构起新的和更深层的理解，同时增强团队精神和合作意识。"因此，在合作学习中，每个成员都在贡献思想，也在借用思想，共同地建构知识，以实现学习效益的最大化。

默会知识的习得过程离不开沟通与分享，离不开知识共享型组织文化氛围的营造。高职教师要积极营造一种民主的课堂氛围，积极推进实施"小组合作"式教学，让学生通过小组成员之间的相互沟通、相互探讨、相互启发，从中分享他人的认识、感悟、思路，"默会"所学知识的真义，从而实现学习成果的分享和群体的共同成长。

（六）探索"三主三辅"的教学评价

学业评价是学习过程的有机组成部分，是对学生的学习表现、学习行为、学习产出的优劣及其合理性的评判过程，旨在为学生不断地提供学习情况的反馈信息，为他们调整学习策略、学习行为和学习方式方法提供依据，最终帮助学生提高学习的有效性。

传统的学业考核主要是通过课堂提问、日常作业、平时测验以及期中、期末考试的形式完成的，这种惯用的评价手段只适用于考核识记和简单的知识应用这类低层次的技能，容易造成与高职教育能力本位培养目标相背离的高分低能现象。而以专业能力和关键能力为内容的工作过程知识多数是隐性的默会知识，简单的识记和知识应用无法考核一个人的综合职业能力。因此，高职教学评价要体现"三主三辅"。一是以形成性评价为主，以终结性评价为辅。也就是要做到过程评价与结果评价相结合，突出过程评价，即在教学中要及时发现并弥补学生学习的不足，使学生在学习过程中习得知识、体验情感、掌握能力。二是以相对性评价为主，以绝对性评价为辅。即要以促进学生的进步为前提，提高评价的区分度，而不是拘泥于学生成绩的高低。三是以各方共同评价为主，以教师个体评价为辅。评价不能由教师唱"独角戏"，要推行共同评价，如积极开展师生共同评价，请有关教师参与共同评价，请家长、社会力量、企业等用人单位参与评价，使评价更客观、公正。

第七章 产学研联盟：搭建专业服务产业平台

产学研联盟就是基于市场机遇，企业、高校和科研院所从各自的发展战略目标和战略意图出发，为了实现共同愿景、获得最佳利益和综合优势，结合彼此的资源或优势而建立的一种优势互补、风险共担、利益共享、共同发展的正式但非合并的合作关系。这无论对学校还是企业都是双赢的。

一、旅游教育与旅游产业的关系

旅游产业是旅游教育发展的基础，决定着旅游教育的内容和方向。旅游产业的发展为旅游教育提供了发展方向、人才需求数量以及人力资源的层次，规范着旅游教育的培养目标，推动着旅游专业人才培养模式的改革和教学内容的更新。同时，旅游产业能为旅游教育提供有力的支持，相关旅游企业所提供的资金、设备和技术能有效缓解旅游教育经费的短缺，改善旅游专业教学的硬件设施，并为旅游人才培养提供实习基地和实践教学指导教师。总之，旅游产业只有与旅游教育结合，才能使旅游教育有明确的方向。脱离了旅游产业的指导，旅游教育就是空谈。

旅游教育为旅游产业提供人力资源。旅游教育为旅游产业培养各种层次的高素质专业人才，为旅游产业的可持续发展提供强有力的智力支持。旅游教育通过理论研究、总结国内外旅游发展经验，为旅游产业提供了决策咨询信息，推动了旅游产业发展与企业管理理念的创新；通过对旅游产业发展规律的探索，为旅游产业发展提供了新的理论与方法，促进了区域旅游业的科学发展；通过培训、讲座等社会服务，规范并促进了区域旅游业的发展。

新常态下，旅游业已经成为国民经济重要的战略性支柱产业，在社会经济和生态建设以及国际交流、文化传承方面具有不可替代的作用。全面转型升级的中国旅游业对旅游职业教育提出了更高的要求。

二、产学研联盟

产学研合作对促进教育、科研与经济的结合，提升国家产业核心竞争力具有重要作用。党的十九大报告中明确提出要深化科技体制改革，建立以企业为主体、以市场为导向、产学研深度融合的技术创新体系，加强对中小企业创新的支持，促进科技成果转化。产学研被提到了新的战略高度，成为我国建设技术创新体系的重要举措和突破口。

产学研联盟是解决高校社会服务不足的有效平台。当前，高校服务社会存在着一些问题。一是人才培养规格与企业岗位要求相差甚远，人才培养方案的制定缺少企业调研，就业岗位群定位不准，岗位能力不明确，特别是职业素质缺失，培养出的人才不能满足企业的真实需求，加剧了企业用工荒和学生就业难的矛盾。二是服务区域经济社会长效机制不健全。高职院校普遍缺少服务地方的组织机构和体制机制，服务区域经济社会长效性和常态化不明显。学校与政府、企业的合作仅仅是暂时的、一次性的，缺乏长期性规划和系统化运行机制。校企有效沟通缺失，学校不知企业的痛点，企业不知高校的优势。对高职院校的教学、科研及服务能力缺乏信任。三是职业教育资源利用率偏低。高职院校拥有丰富的教育教学资源、优秀的师资队伍和先进的实训设施。由于管理体制机制和思想观念等方面的原因，教育资源仅供本专业学生和教师教学使用，没有向地方企业和社会开放，未能实现教育资源共享，造成了教育资源的极大浪费和利用率偏低。四是服务社会形式单一。高职院校主要通过教学、科研和培训等形式，为社会培养高端技能型人才，为行业开展职业培训，为企业提供技术支持和服务。高职院校在对口支援中职教育和参与新农村建设方面的作用尚未发挥。随着地方经济的发展，社会对中高职贯通培养、成人终身教育、农村劳动力转移与培训的需求更加迫切。

"产学研"一体化是集团技术服务的宗旨，也是加强集团成员校企紧密合作的纽带。以"研"带"产"、以"研"助"学"是集团校企合作关键所在。近年来，学院依托集团化办学，强化校企、校地合作，搭建产学研平台，共同开展教学、科研和社会服务，取得了一定的成效。

三、乡村旅游培训学校的实践与探索

（一）合作背景

近年来，仙居县旅游发展迅速，先后获得了国家生态县、首批国家公园试点县、中国长寿之乡、全国休闲农业与乡村旅游示范县、"美丽中国"十佳旅游县、浙江省十大养生福地、最佳乡村旅游度假目的地、浙江省旅游综合改革试点县等"金名片"。2016年2月，仙居县被国家旅游局列入首批国家全域旅游示范区创建单位。埠头镇作为新兴的旅游乡镇，近年来紧盯旅游富民的发展机遇，审时度势，创新思维，因地制宜，从零起步，将乡村旅游产业确立为全镇主导产业，从基础设施、项目招商、环境提升、文化挖掘、人才队伍、市场拓展和政策保障等方面积极探索、全力推进。

学院在10多年的旅游、酒店专业办学过程中已经形成了一支思想素质高、专业能力强、教学经验丰富、结构比较合理的"双师"结构的教学队伍。目前，有12名专任教师，其中副教授2名、讲师7名、助教3名、硕士9名，学术梯队较为合理。教师中有茶艺师证者2人、酒店星评员3人、景评员1人、中级以上饭店服务技能证书1人、旅行社总经理资格证1人、导游4人、旅游经济师2人以及来自酒店、旅游企业的兼职教师17人。近年来，学院加强校地合作，在乡村旅游开发、乡村文化建设、农家乐民宿服务水平提升、茶文化推广普及等方面助力乡村振兴，取得了较大成绩。

（二）合作过程及主要内容

为解决乡村旅游发展的人才瓶颈问题，仙居县埠头镇与台州科技职业学院人文旅游学院签订校地合作协议，决定在旅游人才培训、文化交流、乡村旅游开发等方面开展广泛的合作。

建设乡村旅游培训学校。该学校整合大庄小学闲置的教育资源和场地，借助台州科技职业学院强大的师资力量、专业优势和生源优势，按照共建共享的理念，将学校打造成为全镇乃至周边地区农民旅游培训的主平台，成为大学生就业、创业的实践基地，培养更多有实用专业技能的旅游人才队伍，拓宽农民创业致富门路，助推乡村旅游产业绿色化发展。2017年12月15日，在仙居县埠头镇隆重举行了乡村旅游培训学校成立仪式，这是学院与埠头镇开展校地合作、产学融合所结出的硕果。

共建培训课程和教材。学院旅游管理、酒店管理相关专业老师与埠头镇政府有关人员共商培训方案，共建培训课程和教材。学院教师会同酒店、旅游相关专业人员编写了《乡村旅游服务旅游礼仪》《仙居文化》《导游讲解》《客房服务技能》《餐饮服务技能》等项目化教材。

开展培训。根据全域旅游要求，培训分层分类举行。针对乡镇工作人员主要以全域旅游理念、仙居旅游文化、旅游新业态等为主要内容，以讲座形式进行。农家乐、民宿等旅游从业人员集中培训，内容包括《旅游礼仪》《客房管理技能》

《餐饮管理技能》等，乡村旅游讲解员则主要培训导游业务能力、讲解技能等。教学以实践操作为主，以理论讲授为辅，并模拟实际情景，让学员掌握在实际工作中接待顾客的技巧。例如，客房服务人员可以运用实践操作培训其铺床等技巧，同时可以模拟实际情景演示如何规范标准地为顾客提供服务。通过"教、学、做"合一的方法，有效提升了旅游从业人员的素质。

共建大学生实践基地。2015年、2016年暑假，学院学生连续在埠头镇开展"青春助力九都，同创美丽乡村"社会实践系列活动，活动立足农村建设与乡村旅游发展，旨在发挥学生的专业所长，让他们将所学的理论知识运用到实践中，增强"学以致用"的实践能力。这为人文学子提供了一次走出校园、接触社会、锻炼自我的机会。同时，师生共同参与调研、解决乡村旅游发展中遇到的实际问题，开展旅游线路规划、旅游客源调研、服务人员培训、旅游环境保护等方面的服务活动，为仙居县埠头镇旅游业的发展及新农村建设贡献了自己一份微薄的力量。通过深入基层、走进百姓，不仅把先进文化、文明新风、民主法治等思想理念带到了农村，还利用学校相关专业所长，参与剿灭劣五类水、美丽乡村建设、乡村旅游绿色化发展建设，成了美丽乡村、美丽台州、美丽浙江的有力推动者。这也引起了社会较大反响，获得了台州市高校暑期最具人气实践队二等奖。"齐心共创文明城，两美浙江我践行"实践团队作为省高校"双百双进"活动集中性暑期社会实践活动代表，在湖州师范学院向全省展示实践成果。

（三）效果及反思

乡村旅游培训学校是学院主动服务区域社会经济发展的一个重要平台。教师在社会服务的过程中开始关注乡村旅游的发展趋势，关注农家乐、民宿从业人员的需求，不断地调整教学内容和方式。实践证明，通过面向生产实际开展培训，教师深入一线调研，解决实际问题，既能提高教师的专业水平，又能培养具有创新思想的双师型教师。

培训达到了预期的目的，学员在理论水平和实践上都有了新的认识和提高。一是更新了观念。学员对近几年乡村旅游的政策、发展和经营等方面有了新的掌握。二是增长了本领。这次培训作为新知识、新技能的再武装，内容切合实际，能够很好地运用到乡村旅游经营中去。三是增进了了解。增进了农家乐与民宿之间的相互了解，加强了沟通，增进了友谊。

在实践中，由于基层工作围绕中心变化快、领导换届频繁等问题的存在，校地合作仍有许多不确定的因素，需要我们加强协调沟通。

四、乡村旅游研究发展中心的实践与探索

（一）背景

服务"三农"是职业教育的服务功能之一。教育部多次强调职业教育要面向新农村建设，增强服务三农的能力。台州市乡村旅游资源丰富，发展乡村旅游，以旅助农，充分发挥旅游在服务"三农"中的作用。为适应区域旅游产业蓬勃发展，充分发挥学院的旅游专业优势，更好地为地方经济和社会发展服务，学院整合学校、旅游企业及社会等资源成立乡村旅游研究发展中心，构建了一个体系完备、功能丰富的产学研合作平台，并以平台体系为载体，开展研究、咨询、社会服务等工作。

（二）主要内容

成立乡村旅游研究发展中心智库。按照"以学校专业教师为主，兼蓄各方人才"的原则，入库专家由客座教授 4 人、旅游企业经理 5 人、学院教师 12 人组成，专业涵盖旅游文化、旅游资源开发、旅游产品营销与形象策划、旅游经营管理等，打造一支高层次、多元化、开放式的台州乡村旅游智库专家团队。以台州乡村旅游全局性、战略性、现实性问题为主要研究方向，充分发挥战略谋划、前瞻研判、资政辅治、社会服务、人才培养等综合优势，为旅游业改革创新发展提供多元化、高层次服务的智力支撑机构。开展乡村旅游文化研究，编写《台州市乡村旅游研究》第一辑。

参与决策咨询。主持、参与台州市咨询委课题《关于加快发展旅游业的若干建议》《乐清湾保护与开发》研究，受到咨询委领导的一致好评；参与地方各级各类旅游规划的评审工作。

加强校地合作，服务地方经济文化。与黄岩区宗教文化研究会合作创办《黄岩宗教》杂志，并开展黄岩鸿福寺研究，形成《黄岩鸿福寺历史文化初探》一文，引起较大反响；参与台州撤地建市 20 年编写工作；完成台州市社联重大委托课题《台州海洋文化建设的实践与思考》；参与台州市旅游局《台州市乡村旅游规划》的编制工作。

开展社会服务。学院旅游类专业针对区域乡村旅游从业人员素质滞后、旅游接待能力不足等问题，面向区域城乡劳动者积极开展旅游从业技能培训，以提高旅游从业人员的服务意识和管理水平。通过与地方农办、移民办、旅游局合作，开展农家乐、民宿培训，开设景区导游人员讲解技巧、乡村旅游营销模式、景区

旅游线路策划与产品开发等培训项目和培训课程，拓展职业教育服务地方经济社会发展的形式和渠道。完成省市旅游局委托的 4A 景区暗访和星级酒店复核工作。酒店教研室教师分别为三门大酒店、天台石梁宾馆、杭州大厦等 6 家酒店做星级复核。专业教研室所有教师出色完成由黄岩旅游局、玉环旅游局等单位举办的星级酒店技能大赛评委工作。助力省历史文化村落保护利用工作现场会。与黄岩区团委合作，为讲解志愿者制订了层级授课培训方案，专业教师为志愿者做关于"黄岩文化、导游礼仪、现场解说"等专题讲座。

（三）效果与反思

促进教师成长。"产、学、研、用"一体化是集团技术服务的宗旨，也是加强集团成员校企紧密合作的纽带。以"研"带"产"、以"研"助"学"是集团校企合作关键所在。近年来，学院科研氛围浓郁，教科研硕果累累，旅游管理专业教师承担了大量的科研项目，并且取得了一批高质量的研究成果，获省、市级立项课题 20 多项，在各种学术期刊上发表论文 30 多篇。

提升专业服务产业能力。"产、学、研、用"一体化促使教师积极寻求校企合作，与企业联合申报课题，进行产品研发，为行业企业提供科技创新和技术咨询服务等。研究成果直接服务于地方旅游经济发展，取得的业绩得到了业界的认可，学院的社会声誉、地位和影响力不断扩大。

初步形成了研究特色和优势。我们采取"走出去，引进来"的办法，鼓励教师下企业，聘请行业企业专家上讲台，从而形成了校企师资互动共享的平台。中心依托智库等人才优势和校企合作优势，形成了区域旅游文化、景区规划、农家乐管理等研究特色和优势，在旅游项目规划、旅游开发决策和旅游业务培训等方面打造了良好的品牌。

案例

埠头镇：开办旅游培训学校 助推乡村旅游绿色化发展

仙居新闻网　发布时间：2015-12-17

本报讯　美丽乡村建设，富民是根本，乡村旅游发展，人才是关键。12 月 15 日，埠头镇乡村旅游培训学校成立仪式暨第一期培训班开学典礼在大庄小学举行。

乡村旅游培训学校积极整合大庄小学闲置的教育资源和场地，借助台州科技职业学院强大的师资力量、专业优势和生源优势，按照共建共享的理念，将学校打造成为全镇乃至周边地区农民旅游培训的主平台，成为大学生就业创业的实践基地，培养更多有实用专业技能的旅游人才队伍，拓宽农民创业致富门路，助推乡村旅游产业绿色化发展。

乡村旅游培训学校是埠头镇与台州科技职业学院开展校地合作、产学融合所结出的硕果，也是埠头镇发展乡村旅游以来具有里程碑意义的大事、喜事。据悉，埠头镇作为新兴的旅游乡镇，近年来，紧盯旅游富民的发展机遇，审时度势，创新思维，因地制宜，从零起步，将乡村旅游产业确立为全镇主导产业，从基础设施、项目招商、环境提升、文化挖掘、人才队伍、市场拓展和政策保障等方面积极探索、全力推进。为解决乡村旅游发展的人才瓶颈问题，今年7月埠头镇与台州科技职业学院人文旅游学院签订校地合作协议，积极筹建乡村旅游培训学校，切实加强旅游从业人员培训、学生就业见习等方面的战略合作。

据悉，台州科技职业学院是教育部备案通过、浙江省人民政府批准正式建立、台州市人民政府主办的公办专科层次的全日制普通高校，办学历史悠久。其中，人文旅游学院成立于2012年，现为台州科技职业学院的二级学院，人文旅游学院拥有一支结构比例合理、综合素质较高的师资队伍。近年来，学院积极探索个性化人才培养模式，重视素质教育，强化技能提升，努力提高人才培养质量，学院知名度、美誉度不断提升。

第八章 内培外引：基于教育集团的有效教师培养

当前，我国已成为世界制造业大国，但要跻身世界制造业强国，生产一线高质量的技术工人和熟练劳动者的匮缺就成了制约瓶颈之一。要打破这一瓶颈，出路在职业技术教育。高等职业院校是我国培养高技能人才的摇篮，必须根据企业的需求培养人才，而人才的培养关键又在教师——高质量的职业技术教师，即"双师型"教师。目前，大多数职业院校"双师型"教师所占比例普遍偏低，与国家要求规定的70%的比例相差较远。因此，培养"双师型"教师势在必行。

中国职业教育师资状况调查资料显示，高职院校教师有近86%是所谓的"三门"（"家门—大学门—高职院校门"）教师，如此大量单一渠道的"三门"高职教师由于先天存在自身双师素质能力保障方面的明显"短板"，因而难以培养出具有高水平职业能力的学生。随着高等教育大众化和高职院校的普遍扩招，高职院校的教师数量急剧增长，一大批青年教师、企业专家、社会兼职人员等进入学校。教师队伍结构的多样化、社会化有利于增进学校与社会的联系，打破封闭的办学体系，形成以社会需要为中心的办学机制，促进校企合作。然而，我们也应该看到，高职教育师资队伍的"三性缺失"严重，即师范性缺失（专业能力较强、教学能力不足）、职业性缺失（善于理论教学、实践教学不足）、经验性缺失（习惯于学科教学），导致绝大多数教师难以适应，严重影响了高职教育的发展。

加强"双师型"教师培养是当前职业教育改革与发展的基础和保证，也是关键。加强高职"双师型"教师培养是将传统的以"理论授课"为主转向以"实践教学"为主的具体做法，也是真正建设有高职特色教师队伍的关键所在，更是职业学校加强实践性教学，办出职业教育特色，提高职业教育教学质量，培养适应社会需要的高技能人才的客观要求。所以，对高等职业教育"双师型"教师培养的研究具有重大的现实意义。

一、高职院校师资来源及其优缺点

（一）高校毕业生

本科院校毕业的本科生、研究生是高职院校教师来源的主要途径。由于他们来自各高校，能带来各校的风格和特色，因此扩大了各专业的社会信息量。但是，他们没有经过专门的教育学和心理学理论的学习，专业实践经验和教学基本功相对薄弱，加上他们接受的是传统的学科型教育，重知识轻能力、重书本轻实践的观念深深地植根于其经验、习惯之中，因此往往容易将本科院校的教学方法带入高职学校。面对市场经济对人才的新要求，面对新职业、新技术的频出，面对"教学做一体""行动导向、任务驱动、项目教学"等新理念、新模式和新方法，不少新教师难以适应。

（二）企业引进

为弥补高职院校教师队伍实践经验不足的缺陷，近年来，高职学校从相关企事业单位引进了一批实践专家或技术能手。但是，他们缺乏相关教育理论的学习，缺乏教学实践和教学基本功，缺乏系统的专业理论，无法将自身的实践知识、经验知识转化成教育知识。另外，"职业教育师资靠企业"的认识也不太现实。"发达国家的历史告诉我们，社会经济发展好的时候，企业里的人才由于企业发展好，学校自然吸引不了他们。企业里的优秀人才到学校教书的可能性不大。只有拿不到更高薪金了，才能回流到学校。"

（三）教师转型

当前，高职院校的师资基本上是由本校教师转岗而来，这些教师大部分是从学校走向学校，从课堂走向课堂，缺乏企业工作、生产实践的经历和阅历，多数教师实践能力、动手能力、实训教学、现场指导等都处于弱势。北京高职教育教学质量检查组对北京地区14所高职办学点的调查统计资料表明：教师中平均只有25.75％的人获得职业资格证书；曾下厂实践过的仅占23.9％。教师自身动手能力不强，高职教育的能力本位原则也就难以得到有效的落实。

（四）社会兼职队伍

根据不同专业课的教学要求，有选择地聘请有特长的教师，建立兼职教师队伍，一方面解决了师资队伍不足的问题，另一方面加大了实践教学的力度，体现了高职院校的教学特色。但是，他们缺乏教育教学的理论，不了解学生，不熟悉教学业务，不能保证固定的工作时间，因此难以保证正常的教学秩序。

二、校企合作、工学结合对高职师资的要求

高职教育是我国高等教育的一种重要形式和新式类型，与其他教育类型相比，高职院校教学面临诸多方面的特殊性，对师资建设提出了更高的要求。目前，发达国家或地区对从事高等职业教育的教师除了在学历上有一定要求外，还特别强调其实践经验。为保证职业教育质量，各国对职业教育师资的资格都有严格要求：一是必须受过高等教育或相当于高等教育水平的专门教育；二是在接受过相应专业技术教育的同时，必须掌握教育理论与教育实践课程，能够指导学生实习；三是在所教专业方面具有实际工作经验；四是具有必需的职业修养和育人品格。这对我国教师培养有一定的借鉴意义。

（一）教师要树立全新高职教育观

"校企合作、工学结合"是我国高职教育理念的重大变革，也是当前我国职业教育改革与发展的方向。2010年9月，全国高职改革与发展工作会议提出以提高质量为核心，以合作办学、合作育人、合作就业、合作发展为主线，深化教育教学改革，推进体制机制创新，努力建设中国特色现代高等职业教育，为高职教育指明了方向。

（二）教师要有"双师素质"

双师型教师队伍是高等职业教育人才培养质量的根本保证，也是有效实施校企合作的前提。由于传统观念的束缚，师资来源渠道单一，缺乏从事实践培养和训练的机会等，导致高职院校教师队伍在学历、专业、年龄结构上存在不尽合理的地方。高职教育要培养一线应用型人才，教育者本身的知识、能力、素质结构既要符合现代高等教育对高校教师的要求，也要符合现实社会中职业岗位对技术开发人才的要求。高职教师不仅应具备扎实的专业理论功底，还应熟练掌握专业技能，具备良好的职业道德和综合素质。

（三）教师要有较强的教学组织与管理、教学设计及课程开发能力

当前职业院校教师师范性不强是一个不争的事实。美国学者 Thomas A.Angelo 和 K.Patricia Cross 认为，课堂观察 (classroom research) 和课堂评价 (classroom assessment) 是教师必须具备的两种重要能力。因为通过课堂观察和课堂评价，能

使教师教学更有效，也能使学生更好地学。教师如果能够长期使用这样的方式教学，自己的教学能力就能很快得到提高。项目化课程不等于不要备课，工学结合不等于放任。因此，加强教学规范和教学基本功的训练，开展有效的教学研究，提升课程开发能力，是当前高职院校教师的一项重要任务。

（四）教师要有跨学科和团队合作能力

长期以来，"教师工作的个性化与个体化是一个不争的事实"，教师工作也成了一种孤独的工作，教师不仅与学生有心理距离，同行之间受"文人相轻"观念的影响而缺少交流与协作，还与社会之间隔着一道很深的鸿沟，导致形成了"单打独斗"的工作思维。但在工学结合中，一个"学习项目"或"工作任务"的完成要涉及多学科教学内容，课程的实施要大量依赖教材、教师和学校以外的资源，要多人合作才能完成，这就需要教师有跨学科的知识、团体合作的能力以及社会沟通能力。

三、构建基于集团化办学的高职教师成长模式

国内外的实践经验表明，产学研合作模式是培养教师的有效途径之一，它能有效整合社会资源，培养路径由高校向社会延伸，培养方式由单一走向多元化。

（一）导师制

广义的"导师制"内涵十分丰富，主要形式有教育辅导式、专业指导式、技术传授式、全程教导式、兴趣引导式等。本书探讨的导师制是指学校为"新手教师"配备校内"专家教师"或聘请企业中具有丰富实践经验和良好管理能力的高技能人才或技术专家作为导师，通过专家教师的言传身教，并适当采取"专家挖掘""刺激—回忆"等手段，促使内隐于专家教师行为背后的默会知识外显并被新手教师观察—模仿、反思—改进，借助导师的经验帮助青年教师缩短思想和技能的"成熟期"，使他们尽快提高实践技能，适应工作岗位，成为符合"校企合作、工学结合"的"双师型"教师。

（二）企业锻炼

重视职业院校教师实践经验的积累是发达国家职业技术教育的共同特点。例如，德国的职教师资要经过两年的预备教师期或实习实践后才能任职；在美国，要取得职业技术教师资格，需要有相关领域 1～2 年的实际工作经验；瑞士规定，职业学校理论课教师要有 3 年以上工程师实践经验；等等。专家认为，如果教师

缺乏操作技能，要让学生掌握良好的操作技能是不现实的。因此，必须对现有的专业教师加强技能培训、技能考核。高职院校应建立健全长效的教师到企业锻炼的管理机制，经常性地选派教师，通过岗位培训、下厂锻炼、挂职顶岗、跟班研讨、导师带徒等方式，深入生产、管理、建设、服务一线进行实践锻炼，使教师在工作现场亲身感受技术与岗位的最新变化，了解生产设备、工艺技术和科技信息，深入体悟、反思、挖掘专业技能中内隐的默会知识，并积极向一线专家和技术能手学习，从而不断丰富自身的专业实践知识与技能，积累实训教学需要的技能和实践经验。

（三）项目开发

职业院校具有人才优势，可以研制开发具有高附加值的产品，这是企业提高经济效益和核心竞争力的关键；企业具有较好的生产资源，是将学校技术潜力和产品开发方案转变为现实生产力的可靠保证。产学研结合乃至"产学研一体化"，是高职师资培养的最佳途径。"项目开发"等活动使教师身兼老师、研发人员、生产技术人员或工程师等多重身份，充分利用校内外资源，把教学与生产、新产品研发以及新技术、新工艺的推广和应用有机结合起来，把理论和实践、设计和生产、教学与研究有机结合，使师生置身于真实的生产环境中，既培养了学生综合职业能力，也使教师与企业需求同步甚至领先企业，促进了教师市场价值的持续提升。同时，教师可以站在高职教育研究者的角度，准确地分析和评价该专业领域的职业行为和职业工作的过程，追踪职业岗位群的变化，使专业教育教学做到与时俱进，从而使教师由单一教学型向教学、科研、生产实践一体化的"一专多能"型人才转变。

（四）教育行动研究

教师的专业成长是一种主动性的成长，是理论、经验和实际工作能力的同步成长，教师应该在工作中成长，在学习、反思和合作中成长。教育行动研究是教育领域适合实际工作者开展的应用研究，强调以工作在学校第一线的基层教师为研究主体，针对教师在学科教学和班级管理中遇到的问题，在校外专业研究人员的指导下进行诊断和分析，找出问题产生的原因，制定解决问题的具体计划和方案，并对实施结果进行评估。高职教师要通过开展教育行动研究，深入分析与反思教学内容、教学方法、教学行为、教学评价等，积极探究有利于增强高职学生职业能力的教学策略，不断调整和改进自身的教学行为，增强教学的有效性。

四、内培外引：学院的实践与探索

近年来，学院通过内培外引扩大师资队伍规模，优化师资队伍结构，强化师资队伍建设，取得了较好的成绩。目前，学院拥有"双师型"教师20名，客座教授5名，客座导师30名，省专业带头人1名。

（一）开展"企业家行家进校园"活动

学校每年组织召开联盟内旅游、酒店企业家、行家座谈会，并成立了专业指导委员会，分别从行业企业需求和人才发展角度，对学院人才培养工作提出了精辟的见解和实际操作的建议。一致认为校企携手合作，搭建沟通的桥梁，有利于缩短基础理论知识与实际动手之间的差距，缩短现行学院课程与实际运用之间的差距，为学生就业提供良好的平台，使学院提升影响力和竞争力，使企业进一步提高知名度，达到"双赢"。学院要求教师要读懂创业者，给学生装备适应力，培养社会稀缺人才，并进一步加强与企业行业的合作，加强"1+N"课程包开发。"企业家行家进校园"活动为学院校企合作打开了新局面，为学院人才培养工作进一步理清了思路，为学院向纵深发展增强了信心，提供了动力。

（二）着力打造"百名兼职教授、千名兼职导师"队伍

目前，学院已从各大酒店、旅行社及旅游行政部门聘请兼职教授5名、兼职导师30多名，他们参与课堂教学、专题讲座、企业现场指导、毕业论文指导、职业生涯规划指导等，大大提升了学生的实践能力。

（三）企业锻炼

近年来，我们以集团内重点企业（如开元酒店、浙江国旅等）为中心打造访问工程师基地，要求教师"带着目的、带着疑问、带着项目"去企业，参与一线生产实践和企业技术攻关，要求企业委派有经验的高级技术人员进行指导并安排实质性的工作内容，目的就是提升教师的专业实践能力与科研实践能力。近三年来，已经培养了5位访问工程师。

（四）联合开发

开展产学合作，搭建产学研结合平台，构建知识创新和社会服务体系，是促进科技成果转化和开展社会服务的主要模式。目前，学院整合资源，成立仙居埠头镇乡村旅游培训学校与乡村旅游研究和发展中心，有效增强了学校的科技研发

能力和服务企业能力。

（五）开展科技下乡活动

坚持以服务求生存，以贡献求发展，促进科技成果转化和为地方经济建设服务这一高等学校建设与发展的基本工作思路，充分利用专业特长开展"三农"服务，致力乡村振兴，足迹遍布台州各地，为农民朋友讲解农家乐、民宿等经营管理，如累计为黄岩区培训农民2 000人次，将先进的理念、实用的技术、优良的服务引入农村，辐射到千家万户，变过去农民找科技为科技找农民，切实做到了"做给农民看，带着农民干，领着农民赚"，实现了科农携手合作，激活了农村经济"细胞"，促进了农业和农村经济的发展以及农民增收。

总之，师资队伍的培养与建设是提高高职院校教育质量的关键。高职院校应该切实加强产学合作，建立健全各类教师培养制度，逐渐形成一支数量充足、素质优良、结构合理的教师队伍，从根本上促进我国高职教育的发展。

第九章 文化对接：基于文化自觉 的高职校园文化建设

高职校园文化是高职学校的精神和灵魂。然而，随着办学规模的扩大，众多的高职院校把扩大规模、改善办学条件作为建设和发展的主要目标，过于追求硬件建设，或者片面理解能力本位思想，导致高职校园文化建设成了学校发展中的软肋。因此，丰富校园文化建设内容，延伸校园文化建设的深刻内涵，是加强校园文化建设的必然要求。

高职教育的质量问题越来越引起社会的广泛关注，已经发展成为当今高职教育可持续发展的主题。要提高内涵发展，打造高职教育品牌，培养适合社会需要的高技能应用型人才，高职院校必须用自身独特的校园文化引领学校科学发展。

一、国内外研究的现状述评

（一）关于文化自觉

1997 年，在北京大学第二届社会学人类学高级研讨班上，费孝通正式提出了"文化自觉"的概念。所谓"文化自觉"，是指"生活在一定文化中的人对其文化有自知之明，明白它的来历、形成过程、所具有的特色和它发展的趋向，不带任何文化回归的意思，不是要复旧，也不主张全盘西化或全盘他化。自知之明是为了加强对文化转型的自主能力，取得决定适应新环境、新时代文化选择的自主地位。"其中，他用"各美其美、美人之美、美美与共、天下大同"四句话，高度概括了文化自觉的本质内涵。"文化自觉"自提出就受到了社会和学者的广泛关注，在 2008 年曾经达到了一个高峰。著名学者黄金华在《文化自觉概念的界定》中对费先生的文化自觉主体、客体、内容、方式或表现、立场、价值取向以及目的等曾做出较系统的解读。还有许多学者从不同的角度对文化自觉做出了各具特色的解读和理解。

（二）关于校园文化建设

近年来，研究校园文化的专著与论文较多。有王邦虎的《校园文化论》，张德、吴剑平的《校园文化与人才培养》，于晓阳、徐淑红的《校园文化建设新趋向》，刘德宇的《高校校园文化发展论》。尤其是杨新起的《新世纪高校校园文化建设论》，该书比较系统地回顾了 20 多年来高校校园文化建设的实践和校园文化理论研究的情况，分析了 21 世纪校园文化建设面临的新情况、新问题，提出了新世纪高校校园文化建设的战略思考。

（三）关于高职校园文化建设

在中国期刊网上以"校园文化"为篇名进行检索，得到 4 000 余篇论文。这些文献大多是从中小学和普通高等学校校园文化建设的角度进行阐述。其中，针对高职院校的校园文化建设有 200 余篇，较早的有田晓明在《辽宁高职学报》1999 年第 1 期发表的《关于高职教育中的校园文化建设》、张永春在《南京工业职业技术学院学报》2002 年第 4 期发表的《高职院的校园文化建设》、朱占峰在《安阳大学学报》2002 年第 1 期发表的《论高职院校校园文化建设》。此后，每年都有一些研究高职院校校园文化的文章发表，对高职院校校园文化建设进行了探索。

二、当前我国高职院校校园文化建设现状及原因分析

经过调查、走访，我们发现当前高职院校建设主要存在以下问题：

（1）片面重视校园物质文化建设，忽视校园精神文化建设和制度文化建设，使校园文化建设陷入"虚无主义"。正如朱永新在首届全国小学教育国际论坛上所说："如今，很多学校都在打造校园文化，但坦率地讲，真正有文化精神的学校并不多。当前，学校在文化建设中存在明显的形式主义：一是物表化；二是文本化；三是标语化。"

（2）照搬普通本科院校的校园文化建设模式，校园文化建设脱离高职培养目标，未能体现高职院校特色，导致出现了校园文化与企业文化脱节、学术气氛与实践氛围缺失等问题。高职院校的办学目标、办学理念、人才培养模式都不同于其他类型的高校，其校园文化也有着与其他类型的高校所不同的地方，因此对高职校园文化的个性研究就显得很有必要。近年来，高职校园文化建设开始关注行业企业文化与校园文化的对接和融合，抓住了高职的本质，但缺乏深入的研究。

（3）忽视区域文化，不能体现地方特色。目前，高职院校的校园文化建设与

区域文化联系不紧密，区域文化的精神实质还没有渗透到高职教育教学的各个方面，社会服务能力有待进一步增强。

总之，高职校园文化建设借鉴了本科院校的一些成功经验，取得了一定成绩，但高职校园文化建设总体上还处于起步阶段，存在一些问题：对于什么才是高职院校校园文化的特色的认识还没有明确的共识；对如何建设有自身特色的高职校园文化还有待进一步的探索；对高职院校校园文化特色的特征、影响因素、建设路径等问题的认识还比较模糊；高职校园文化建设研究与实践还不均衡；大多数高职院校还没有建立与之相适应的校园文化；基于文化自觉的校园文化建设还没有形成。

三、中外高校校园文化建设经验与教训

英国著名学者阿什比曾经说过："任何类型的大学都是遗传与环境的产物。"不同的时代、不同的环境、不同的民族与文化背景造就了风格迥异的大学。综观当今世界著名学府，它们多姿多彩、各具特色，而且越是著名的大学，特色就越鲜明。究其原因，有以下几点：其一，现代大学应当承继优秀传统文化，吸纳世界文化之精髓，努力推动世界各国文化的交流；其二，大学是崇尚真理、讲求科学的学术殿堂，应在科学实践和论证的基础上发现真理、探索真理、发展真理，在学术批判中推陈出新，创新知识，这是大学发展的永恒活力和动力；其三，大学应当鼓励不同学术见解与不同学术流派的研究，允许失败，允许一些"孤独的思考者"，宽容一些学术上的"狂妄者"。哈佛大学培养了众多的政治家，麻省理工学院出工程师，剑桥大学的物理学科名扬天下，牛津大学的数学学科举世公认。因此，从根本上说，一流大学实际上就是特色大学。对于大学的历史使命，牛津大学与哈佛大学异曲同工。牛津大学前校长卢卡斯认为，大学一直是服务于社会的，同时不断调整自身以回应社会不断变化的需求。他强调，大学从事的是人的教育，在大学能够培养独立思考能力、清晰的头脑、想象力等个人成功所必备的品质，而具有这些品质的人是社会发展进步的保证。哈佛大学荣誉校长陆登庭认为，大学的使命一是发现和产生各领域的新知识，传承、传播、再阐释、校准已有知识；二是要提供探寻真理的氛围，培养学生的探究精神和创造性思考的能力，使他们获得终身学习的能力。因此，大学的学科设置与建设要有全面和长远的眼光，对一些基础学科、人文学科及艺术学科必须给予重视。

世界一流大学一般都具有较为悠久的发展历史和深厚的文化底蕴，并在长时间的办学实践中形成了鲜明的办学特色和明确的办学理念，而且能够一以贯之，形成自己特有的优势，对社会产生积极的影响。比如，牛津大学是世界最古老的

三所大学之一，迄今已有800多年历史，为英国乃至人类社会文明发展做出了重要贡献；柏林大学以尊重学术自由、研究与教学相统一作为办学原则，大大提高了大学的学术声望和教育质量，使欧美各国竞相效仿。就国内一些高校而言，清华大学的"严谨"、南开大学的"笃实"、浙江大学的"求是"、中国科学技术大学的"理实交融"，使这些学校以其各自的办学特色而闻名。

四、校企文化的碰撞与融合

《教育规划纲要》明确指出，高职教育要建立健全政府主导、行业指导、企业参与的办学机制，推进校企合作制度化。校企合作，文化先行。企业文化进校园，建设新型校园文化，是历史趋势，也是发展现代职业教育的需要。

企业文化是企业职工在长期的生产经营活动中培育形成并共同遵守的最高目标、价值标准、基本信念和行为规范。企业文化的目标是通过塑造企业形象，实现利润最大化，因此企业文化的性质是管理文化、责任文化，它注重结果，如产品质量的好坏、利润的多少、企业的成长等，强调的是团队合作精神和竞争意识。校园文化是高校师生共同遵循的最高目标、价值标准、基本信念和行为规范，其目标是通过各种教育资源培养优秀人才，追求社会效益。因此，校园文化是育人文化、使命文化。它能通过制定规章制度，开展教风、学风、校风建设，塑造学校良好形象，以培养更多人才。校企文化有一定的冲突，特别是在作息时间、工作环境、管理手段、奖惩措施等方面有较大的不同。从学生的健康出发，学校的作息时间相对固定，有规律，劳逸结合，学习和工作环境舒适，管理上以人为本，惩罚上以教育引导和批评教育为主；企业文化则不同，崇尚时间就是金钱，效率就是生命，工作时间受订单产品缓急程度影响，工作环境嘈杂，管理上有一整套规范和标准，惩罚上以罚款为主。这就导致学生初涉职场的不适应。而两者共同点在于它们都是人的文化，强调尊重人、爱护人、理解人、尊重人的劳动。在此共同点基础上，通过文化对接，缩小两者个性化差异，扩大共同点，实现融合。

校企合作，产教融合为校企文化对接提供了良好的平台。校企合作建立了稳定的校外实习基地，通过顶岗实习，使学生以"准员工"的身份零距离地自我体验和亲身感受企业文化，从而培养学生的职业情感、职业道德、职业规范、职业精神、职业素质及工作价值观，促使学生向员工角色转换。校企共建的生产性实训基地直接将企业的生产规程、安全规范、职工守则、职业道德及职业操守准则等制度引入校园，使学生在实习、实训中严格按要求进行，逐渐改变生活方式、学习习惯和行为方式，提高思想道德水平，接受企业工作价值观，逐步实现校企文化对接及融合。

五、基于文化自觉的高职院校校园文化建设策略

文化自觉是人类对自身前途命运理性的认识和把握。社会主义和谐社会的文化自觉是社会主义和谐社会文化价值选择和构建过程中人们的一种价值取向，是在文化反省、文化创造和文化实践中所体现出来的一种主体意识和心态，是人的自觉、理性的自觉、行为和责任的自觉。大学践行文化自觉就是对文化的本质、规律和大学的文化职责有感性与理性相结合的认识，对大学文化建设有全面、系统、长远的考虑。文化自觉是建立社会和谐关系的基础。没有对其他文化的科学认识，也就不会有对自身文化的深刻理解。大学文化具有特色性，它的这一特点要求要有对文化共存的自觉，避免对其他亚文化的机械排斥和歧视，重视从其他文化中汲取有益的营养，深入探索"他者"的意义，从"他者"的立场出发，反观自身，为自身的发展构筑丰厚的基础和可能性。优秀的大学文化必须是开放的文化，文化封闭和文化割据只能使文化没落和消亡。大学文化不能以校园为屏障限制自己，而要不断地吸取其他文化的精华发展自己。发展自己先要开放自己，加强与社会沟通、与社会其他亚文化交流，实现学校与社会共建、大学文化与社会文化互动、校园内部不同学科专业互融的立体开放的大学文化发展模式，以文化自觉促进大学文化的健康发展。

（一）突出高教性，传承大学文化

大学文化是大学思想、制度和精神层面的一种过程和氛围，是理想主义者的精神家园，是大学里思想启蒙、人格唤醒和心灵震撼的因素的结合体。大学应该让大学外的人神往，让大学内的人心情激动。它用人文精神培育出全面发展的优秀人才，成为民族复兴和文化复兴的中坚，引领着社会前进。

高等职业教育是高等教育的重要组成部分，凸显高等性、传承大学文化是高职院校校园文化形态建设的应有之义。然而，由于我国绝大多数高职院校是由中专、技校、职工大学等合并升格而来，很多学校忽视高等性和大学文化的内涵建设，或是校园文化形态建设与中专、技校等同，或是攀比普通高等院校的校园文化形态建设，表现为内涵不清、特色不明。高等职业教育相对于中等职业教育来说，校园文化建设起点更高，更注重专业性和学术性。因此，应充分发掘办学历史、发展背景、专业设置、社会服务、教学科研开展、制度建设、社团活动等各个要素的内涵，提炼学院的校训、校风、教风和学风，形成符合本校实际、促进发展、激励进取成才的和谐校园文化。

（二）凸显职教性，对接企业文化

高素质技能型人才是高职教育人才培养的目标，要紧紧围绕"高素质、高技能"来做文章，突出"职"的特点，加强与企业文化的结合。在深入了解企业文化与校园文化真正内涵的基础上，通过对两种文化的细致比较、分析，力求找到两种文化的对接点或对接部分，使二者形成一种合力，或者将企业文化的功效作用于校园文化，促进校园文化对社会的适应性，使大学的管理更加社会化。因此，高职校园文化建设要将侧重点放在对实践技能的肯定、职业素质的养成和职业道德的弘扬上，构建融入更多职业特征、职业技能、职业道德、职业理想和职业人文素质，适合学生成长成才需要的校园文化，使大学对人才的培养模式更加适应社会的需求。

中职北方智扬教育科技有限公司就业中心总监王广元认为，"事实上，职业院校学生毕业后在企业中发生的各类生产和安全事故当中，工作技能水平不够只占了很少的比例，80% 是源自责任心不足和安全意识淡薄。这一现状实际反映了我国职业教育的侧重点与企业一线岗位的需求之间仍存在'误差'，作为工业文化的核心内容，工作价值观的培养仍然没有得到足够的重视"。在实践中，我们也认识到学生的吃苦耐劳精神、主人翁意识、责任感、安全意识等成为影响学生实习乃至工作的重要因素。2010 年 5 月，教育部提出"把工业文化融入职业学校，做到产业文化进教育、工业文化进校园、企业文化进课堂"，为职业教育创新校企合作提供了新的思路。

高职的办学定位和培养目标决定了高职院校在文化建设上需要实行校企结合，吸收和借鉴不同类型的优秀企业文化。近年来，学院通过与企业建立校企合作关系、成立专业指导委员会等形式，采取"走出去，引进来"的方式，实现了企业的能工巧匠与学校教师、学生的校企联动；学校与企业合作举办校企联谊活动、校企合作论坛，拉近了校园文化与企业文化之间的距离；经常举办企业家、专家座谈会、报告会，聘请企业老总为客座教授，让学生读懂创业者，装备适应力。总之，把优秀的企业文化引入校园中来，促进"校企文化"的有机融合，进而真正实现高素质人才的培养，这已成为当前众多高职院校校园文化建设中的首要问题。

（三）彰显地方性，融合区域文化

自改革开放以来，随着社会经济文化的发展，高等教育区域化和地方化的发展十分迅速，"地方大学地方办，地方大学为地方"的高等（职）教育区域化办学格局已经形成。高职教育区域化必将促成区域文化与校园文化的互动，这是高职教育改革发展与区域经济社会发展的必然结果与基本趋势。

　　服务区域经济社会发展是高职教育的主要任务，而文化是区域发展强大的内在驱动力，文化与经济的互促化和一体化趋势越来越明显。因此，吸收区域文化的精神实质渗透到高职教育教学的方方面面，建设独特的校园制度文化就显得尤为重要，如校史文化的挖掘与传承可以充实校园文化历史积淀，台州和合文化、海洋文化所独有的文化内涵可以提升学院校园文化品位，台州独有的商业文化"四民皆本"论可以为丰富学院校园文化提供元素等。由此可见，当代台州模式的崛起和一大批企业家的创业故事经过过滤、充实、提升，可以全方位培育学院学生的创业激情和创业精神。

第十章 三师共管：创新顶岗实习管理模式

顶岗实习是职业教育的创新实习模式，是实习体制的重大改革，是提升职业教育学生的技能及实践能力的最根本途径。顶岗实习单位远离学校且分散，同时顶岗实习是学生步入社会的开始，存在很多不确定的因素，这些问题都会对实习生产生严重的负面影响。顶岗实习顺利完成的关键是建立有效的学生管理机制，实现实习学生在岗管理的有序运行。

一、顶岗实习学生管理要素

顶岗实习与学校教学相比，其管理主体不仅是学校自身，企业、学生、家长等都可能对实习管理以及实习效果产生影响。

（1）学生是顶岗实习的核心。学生自身实习态度对最终实习的结果具有决定性作用。只有学生认识到实习的重要性，积极投入实习当中，才能保证实习效果。不同的学生对顶岗实习的认识不一样，而学生在顶岗实习不同阶段的认识也是不一样的。管理者只有把握学生的个性特点和顶岗实习期学生心理发展规律，才能有的放矢地做好各项工作。

（2）学校是顶岗实习的管理核心，为实习提供保障。其承担着实习企业的选择、实习内容的安排、实习计划组织实施、实习过程的监管、实习成绩的评定等任务。顶岗实习管理是学生管理的重要组成部分，是学生管理在校外的延伸，具有复杂性、不可预测性。

（3）企业是顶岗实习的实践环境保障。它为顶岗实习提供岗位和场所，搭建学生历练的社会平台。同时，企业是顶岗实习的另一管理要素，承担着实习生的生活管理、工作指导、职业生涯规划等，是学生的社会导师。

（4）家长是顶岗实习的精神保障。学生在实习当中的成长同家长的支持与鼓励密不可分。家长的建议会对学生的决定产生重要影响，有时甚至是决定性的引导。特别是在学生出现迷茫、困惑、情绪低落、意外事故时，家长的态度就显得更加重要。因此，加强与家长的沟通，取得家长的支持是顶岗实习取得成功的关键。

二、顶岗实习学生管理的特点

（1）管理周期长。高职院校一般采用 2+1 模式，顶岗实习为 1 年甚至更长，占到高职生三年求学生涯的三分之一及以上，所以顶岗实习管理的周期也相对较长且情况复杂。

（2）学生身份的双重性。顶岗实习期间，学生既是学校人，又是社会人。作为学校人，实习生必须自觉遵守学校的各种规章制度和实习安排，同时享受学校的各种评优评先和奖学金、助学金。作为社会人，实习生必须遵守实习企业的纪律和制度，从事一定的工作任务，同时享受一定的工资待遇。这种管理对象身份的双重色彩，必然造成其管理内容的繁琐性，进而增加了管理的难度。

（3）管理内容的繁杂性。顶岗实习管理既要管理学生实践教学内容，督促学生完成实践教学的任务，又要管理他们在实习企业间的工作情况、生活情况、思想状况等。更重要的是学生刚步入社会，面对人际关系冲突、工作纪律约束、社会关系浸染、人财物安全隐患等复杂环境时会显得无所适从，这就增加了管理的难度。

（4）管理主体的多元性。学生顶岗实习期间的管理主体具有多元化特征。首先，学生是学校的成员，而顶岗实习是教学的一个重要环节，所以学校是管理学生的首要主体；其次，由于学生不仅在企业实习中学习到了专业技能，还通过在工作岗位上的努力工作为企业创造了利润，所以企业是另外一个重要的管理主体，和学校管理主体一样承担教育管理学生的责任和义务，二者没有主次之分；再次，让学生本人通过自我管理和自我教育，充分发挥主观能动性，这是达到有效管理的一条捷径。

（5）顶岗实习地点的分散性。由于每个企业提供的岗位工位数有限，同时考虑到学生将来的就业需求等，学校与多家企业合作，采用分散式顶岗实习形式，而不同企业的管理模式、工作时间、工作强度、福利薪酬、培训学习等不同，因此顶岗实习教学环境具有分散、综合、复杂等特点。

三、顶岗实习学生存在的主要问题

（1）学生刚刚迈入社会，不会处理复杂的人际关系。在校期间，学生的人际交往相对简单，主要以同龄人交往为主，其次是老师、家长，交往环境较单纯简单，交往面较小，导致学生不善于用口语直接表达交流，而偏重书面性的间接交流。但是，顶岗实习期间学生是以一名劳动者的身份进入实习企业的，在企业中，学生的交往面突然扩大，面对的交往对象更加复杂，有威严的上司和有来自四面八方的同事以及客人，他们的级别、身份、年龄、地域、习俗、资历各有不同。因此，在学校惯用的那套简单的人际交往方式、固有的思想观念和行为模式显然已经无法应对这些复杂微妙的人际关系，导致实习过程中出现了各种问题。比如，情绪起伏比较大，做事易冲动，顶撞上司，实习过程中容易出现"忽冷忽热"的心理反复波动的现象。

（2）学生的适应能力还有待提高。对学生来说，前三个月是关键。如何尽快适应由身份转变带来的各方面的转变，减少心理落差，是重中之重。就像学生说的一样，学校是温床，做错事时，教师都是轻言细语、态度很温和。出校门后，他们就要为自己的过失买单，承担后果。有时候会觉得委屈，觉得很难过，想放弃。所以，如何让学生尽快转变，适应酒店的环境、工作节奏就显得尤其重要了。

（3）对工作强度和工作纪律预计不足。顶岗实习前，高职学生没有真正理解实习的内容，对顶岗实习存在盲目乐观情绪。实习后，学生发现工资待遇低，一般在2 000元左右居多；工作时间长，每天实习8～12个小时居多；工作纪律严，经常被罚款。此外，个别基层管理者在工作中不讲究管理技巧，采用简单粗暴的做法，没有考虑到实习生的特殊地位和特殊心理，令自尊心强的学生一再产生挫败感。对于如此长的工作时间、如此高强度的工作、如此严格的纪律，很多学生是第一次面对，甚至认为自身的价值在实习中没有得到体现。当学生在顶岗实习过程中遇到挫折时，他们很容易产生负面情绪，降低实习的积极性，甚至会影响到他们对未来职业的选择。

（4）人、财、物的安全问题。一是学生刚步入社会，陌生的环境、复杂的人际关系、高强度的工作等直接导致个别学生身心适应困难，身体、心理问题随之产生；二是酒店员工宿舍一般离酒店较远，上下班途中交通事故特别是电瓶车事故偶有发生；三是学生的手机、电脑、钱物等失窃现象时有发生。

四、校企协同，三师共管：创新顶岗实习管理模式

（一）校企共组学生管理机构，完善制度，确保工作的前瞻性

组织保障是高职院校顶岗实习顺利进行的前提，更是学生管理高效实施的关键。学校应建立专门的顶岗实习学生管理小组，专门负责实习过程中学生管理方面相关事宜的统筹、决定和处置。组长由高职院校负责学生管理和主管行政的院级领导担任，主要负责实习常规事务管理和学生思想教育工作管理；副组长由实

习单位人力资源主管级担任，主要负责学生实习期间的食宿及日常生活的安排与管理；组员由实习指导教师和人力资源负责实习生事务员工担任。实习指导教师主要负责学生的日常生活和思想管理并向组长汇报，实习生事务员工主要负责学生在实习企业的食宿及业余生活的管理并向副组长汇报。定期召开工作汇报会，认真总结。学生管理本身就是一个常态化工作，所遇到和面临的问题复杂多变，要形成良性的汇报制度，组织一线管理实施者定期向组织领导层进行工作汇报，并仔细总结阶段性工作得失，为后续工作的开展不断积累经验，并防止发生工作重复、失误等情况。

（二）完善制度，明确职责，确保工作规范性

学校要大力加强顶岗实习学生规范管理，利用制度对工作进行指导，保障学生管理工作有序进行。一是制定《顶岗实习学生管理手册》，规范学生实习工作间的行为准则、实习纪律、实习内容和要求、人身财产安全、宿舍管理等，作为顶岗实习学生管理的制度依据；二是制定《实习指导教师工作手册》，明确工作流程、工作时间节点、工作内容和要求、纪律与绩效考核等，使其按时按期、保质保量完成各项管理任务；三是制定《企业指导师工作手册》，明确企业导师的工作指导任务和生活指导、定期反馈、成绩评定等；四是与各顶岗实习单位签定顶岗实习协议书，明确校企双方的权利和义务。

（三）构建三师协同管理体系，实现管理的全覆盖

为了更好地利用导师对实习生的管理作用，学校采用三师协同来加强对实习生的管理。三师协同是指校内教师为专业指导教师，辅导员为顶岗实习学生的管理导师，企业班长或组长为企业指导教师。三师协同管理体系要求各方明确自身所承担的责任和义务，认真执行。实习指导教师为学生职业发展定位，为学生制订实习任务和计划，让学生带着任务和目标实习，并在一线关注学生实习动态，快速处理各种实习事务；辅导员为学生思想行为导航，与企业沟通，全面掌握实习学生的思想动态，解决思想政治教育方面出现的问题；企业人员为顶岗实习学生实施全程协助，灌输企业理念，指导学生工作流程与具体操作，解决学生角色转变难题，建立内部监督网络，实时掌握实习生在岗工作情况，并及时与学校和企业两方汇报，积极协调各方意见，快速解决处理实习问题。专业指导教师、辅导员、企业指导教师三方各尽其责，共同合力，实现顶岗实习的全程管理和全员管理，实现学校和企业的零对接，使学生顺利通过实习。

（三）把握实习学生心理规律，提高工作的针对性

经过多年的实践，我们逐渐掌握了学生实习期的心理发展规律，结合学生实习期间的行为表现，可分为三个阶段，即适应期、稳定期和浮躁期。适应期为顶岗实习的前三个月。指导教师在这一时期必须高度关心学生的心理变化，多沟通、多交流、多疏导，这样可以把问题扼杀在萌芽状态，帮助学生尽快适应。3～6个月为稳定期。指导教师更多的是鼓励和支持，及时发现学生的亮点、进步、变化，予以肯定。另外，要充分发挥学生组长的作用，让组长成为指导教师的"眼睛"和"耳朵"，把学生在实习中出现的问题及时地加以反馈，让大事化小、小事化了。最后3个月是浮躁期。该时期因为实习即将结束，学生浮躁情绪上升，工作容易出现失误。实习指导教师应当从两个方面积极做好工作：一方面，通过例会、座谈等安抚实习生，鼓励学生站好最后一班岗，圆满结束实习；另一方面，提醒学生防止重大工作过失的出现，运用以往实际案例，警示学生不要因为急躁而放松对工作的要求，做好自我情绪调节，将实习最后阶段作为自己实习生涯的总结升华，用享受和留恋的感情认真对待剩余的实习时光。

（四）强化学生自我管理，提高工作的实效性

自我教育是学生社会化的必经之路，就是要学生对自己进行监督与管理，依靠自我的力量辨别前进的方向。一是建立顶岗实习学生干部选拔机制，要坚持德才兼备，以德为先原则，选好实习小组组长。二是充分发挥学生党员的先锋模范作用。顶岗实习期间，学生党员、学生干部要充分发挥自身的带头作用，组织开展活动。三是实习生应学会处理个人与他人的关系、服务对象与其他部门之间的关系，注重自己的一言一行，严格要求自己，做好自己的本职工作。在"双导师"指导下制订顶岗实习学习计划；以学徒身份自我管理，完成岗位工作。四是充分发挥学长的作用。一般来说，一家企业会有几个上几届的学生在此就业，他们了解企业文化，熟悉企业环境，认可企业各项制度，有的已经小有成就。实习生对他们有较强的认可度，愿意将一些心里话告诉他们，乐意接受他们的意见和建议。正如学生所说，"这次实习增进了同学们之间的距离，加强了班级的凝聚力，大家在一起不再像是以前那种死气沉沉的感觉了，而是有说有笑，非常热闹。有什么事情大家一起解决。谁需要帮助，大家都积极向前。实习过程中正是有了同学们的陪伴才使枯燥的工作变得有了色彩！"

（五）总结经验教训，提高工作科学性

过程管理理论告诉我们，管理的过程并不是一次管理流程能够实现的，而是像爬楼梯一样呈阶段式上升的循环过程。一是开好出发前的动员会。动员会要让学生明确学习内容和目标，了解工作过程和意义，增强顶岗实习的信心。对于一些普遍性的问题，如人财物安全、人际关系处理、工作强度和压力、劳动纪律等，一定要把可能出现的问题和前几届顶岗学生的实际情况跟学生多沟通交流，这样可以大大减少学生的心理落差。二是开好总结会。总结既是上一次顶岗实习的结束，又是下一次顶岗实习的开始。在总结中，学生要撰写个人成长案例，指导教师要就学生在顶岗实习中遇到的各种问题及其如何解决等撰写顶岗实习案例，编写成册，并将这些案例用于教学，让学生从这些案例分析中汲取经验和教训。对于顶岗实习中表现突出的学生，要进行大力表彰、宣传。通过榜样示范作用，为今后的学生树立表率，使大家共同学习模范的品质和优良作风，在学生内部形成良性的竞争氛围，这能为后续的顶岗实习学生管理工作打下坚实的基础。

（六）加强人文关怀，体现人情味

学校和企业都应当加强学生管理当中的人文关怀，遇逢学生生日等，要给予问候关心；学生生病，要多看望关爱；春节假期，要到实习企业进行慰问；在实习生遇到工作中的困难时，要第一时间进行处理，照顾好实习生。管理者只有在这些节日和关键时期深入学生实习岗位一线，认真了解、听取实习生的心声和意见，才能真正发现管理上的问题所在，并且通过实习生寻找解决的方案，保证顶岗实习学生的在岗稳定，使学生实习工作顺利平稳地进行。

第十一章 学生成长：在顶岗实习中
——基于 10 个个案的访谈调查

　　酒店顶岗实习让学生颇有感触，受益匪浅。在酒店的实习，使学生懂得了很多在学校无法体会到的人生哲理。10 个月的实习使他们在课堂上学到的书本理论知识充分运用到了实习工作中，对社会有了一定的了解，体会到了社会的残酷与现实的无奈，也学会了如何做人做事，尤其是在即将毕业之际，清楚了目标，明确了方向，赢得了动力，找到了不足，看到了差距，坚定了信心。在那里，他们养成了吃苦耐劳的习惯，更坚定了自己以后工作不怕苦、不怕累的信念，也使他们在重返校园后，更加珍惜学习的每一分钟，加倍努力学习，为以后适应工作打下了坚实的基础。实习经历将是人生的一大笔财富！

　　选取的访谈对象主要是在每个实习点随机抽取 1 个，男女比例尽量相当，以体现样本多样性。本研究通过面对面的深入访谈方式进行，共访谈 10 名学生。访谈严格按照访谈程序进行，并遵守研究伦理。首先，确定此次访谈的对象，与研究对象取得联系，并向对方说明本研究的特点和研究的目的。其次，在一个轻松愉快的氛围下与被访者真诚地交谈，消除他们的戒备心理，以保证访谈内容的真实性。质的研究报告强调对研究对象进行整体性、情境化、动态的"深描"，描述详尽、细密，力图把读者带到现场；对素材进行"原本的""原汁原味的"呈现。因此，在成文阶段，本研究尽量引用被访者的原话，但对个别重复和语义不通顺的地方进行重新编排，以使行文连贯。

一、企业文化的熏陶

　　酒店文化是酒店员工共同拥有的价值观、酒店精神、经营哲学等，是一种渗透在企业一切活动中的东西，是企业的灵魂所在。美国管理学家劳伦斯·米勒在《美国企业精神》一书中说："未来将是全球竞争的时代，这种时代能成功的公司将是采用新企业文化的公司。"上海温德姆酒店跟我校已有多年合作关系，其在企业文化管理上堪称典范。酒店告诉员工："我们不希望你们为本公司工作，而是希望你们成为公司的一部分。我们共同的目标是建立卓越的酒店，控制世界酒店业的高档细分市场，这需要大家的帮助，酒店的未来掌握在你们手中。"企业文化对学生的影响是潜移默化的。

S1："幸福不是没有问题，而是你有解决问题的能力。"这是我在里斯卡顿酒店每天一条名言中印象最深刻的一条，分享给大家，希望大家遇到的问题都能够有能力很好地解决。

S3：这10个月有这么一个体验：酒店可以做到真正像一个家，甚至比少数人的家还要温暖。因为所有酒店的服务人员都是为了真诚地照顾你。或许你会感受到从来没有过的温馨。因为不是每个家庭都能像丽思卡尔顿的绅士、淑女一样时时刻刻受到关注，你的一切需求，包括精神上的需求，都能时刻得到满足。

S10：大部分人都没有预料到，等到这10个月的实习结束后，其实多少有点怀念那么一个已经工作了10个月的地方。等真的结束了，就不着急离开了。

二、服务意识的提升

在汗水与泪水交织的专业实习中，学生迅速成长成熟起来。

S2：我负责了至尊厅模块，至尊厅是针对VIP客户特别划分的一个用餐区域，其要求注重服务，必须做到热情、周到、细致、耐心。完全按照三无标准，即"无污渍，无破损，无异味"。我以热情、诚恳的服务态度对待每位宾客，并要求所有伙伴也这样做，提高服务意识，凡事想在客人前面，用心服务，在我们标准化服务的同时带给客人惊喜和感动。

"纸上得来终觉浅，绝知此事要躬行。"偶发事件是考验一个人服务意识高低的试金石。

S3：在实习的过程中，你会遇到很多自己从未想到过的事情。比如，你晚上巡楼就看到一个赤裸醉汉躺在电梯口。又如，你在打扫房间时，进来一个人就对你一顿臭骂。你怎么办？这些你有想过吗？所以，在工作的时候，你要注意观察自己周围的环境，因为可能在下一秒你就会遇到突发状况。在突发情况发生时，我们要保持绝对的冷静，学会控制自己的脾气。

S5：我夜班非常多，每个月6个打底，多的话上过9个。虽然夜班有补贴，但是夜班真的是要熬夜的，而且会遇到流浪汉、醉汉等各种不会在白天出现的客人。有一次真的差点就被Kernel砸了，简直太惊险了。那个客人砸坏了我们的电脑、电话、装糖的玻璃缸，还把自己的手机、手表砸向我们，我差点就被砸中了。

经过前期艰苦的努力和付出，当得到肯定或取得成绩时，这种欢欣和高兴是常人难以理解的。

S5：前台真的是一个相当锻炼人的岗位。而我有幸在后面几个月当上了带班主管，还被选上了优秀实习生，那都是被锻炼出来的。

S7：实习的过程很苦很累，但结束后感觉又是一番风味。

S4：在酒店得到的这些收获是我一生的财富，不论我以后做不做酒店，我都珍惜。我很高兴自己有这样的一段经历。最后我想说，永远不要把实习当成学校安排给你的任务，因为这有可能会成为我们不想实习、怕苦怕累的借口。如果将它当成我们涅槃重生前的火焰，我们终将一飞冲天。

S3：实习真的是一种经历，只有亲身体验才知其中滋味。"湖滨路28"感谢你这一年让我成长，教会了我忍让，教会了我怎样更好地去做一个有责任心的人。2015已经过去，2016继续加油！

三、专业技能的提升

大型的酒店集团每年都要举行集团内部技能大赛，各大酒店为取得好成绩都投入了相当大的人力、物力，甚至聘请专家指导。这种实战型的比赛对学生来说是非常难得的，会使学生取得很大进步。

S7：我参加了开元酒店集团全国性的NCTV职场新秀挑战赛。在比赛中，我与全国各地的开元酒店人进行竞选。我们用团结友爱的方式进行比赛，收获的不仅是名次，更是和他们之间的友谊。

五星级饭店是"星级旅游饭店"中最高级的，是由国家旅游局设立的，全国旅游星级饭店评定委员会按照《旅游饭店星级的划分与评定》（GB/T14308—2010）负责评定。这是对酒店的全面评审，能参与其中对学生来说是最大的考验和提升。

S7：实习第5个月，我们迎来了全国酒店五星级复评。五星级复评就好像一个催化剂，它快速地逼迫着你把在学校所学的与所在的酒店快速融合。一切服务标准化，不论你是酒店的新员工还是老员工。那段时间的工作经历让我懂得了做任何事情都要想得深远一步，不是简单地去做，就可以应付过去的。

实习使学生的专业知识得到了巩固和开拓，使他们认识到了自身知识的缺漏，必须重拾书本，虚心请教教师，弥补自身的不足。

S4：离开学校，能学到很多很多，并不是说酒店安排的哪个师傅或者是酒店教授很多知识，而是意味着在师傅带领之下学会了在尽了工作岗位相关职责之后，要开始从所要接触到的东西中发掘出不知道的东西，然后自己采取一切有效途径去学习，如问师傅、问懂得的人、自己搜索资料。

S8：实习是一个很好的平台，让我们对社会有了更多的领悟和熟悉，只有在现实中经历过，才会明白这个社会是如此的复杂，远没有我们想象的单纯。在大学里，我们只是一张白纸，通过实习，我们体味了社会和人生。在前台这个岗位，我渐渐能够感受到社会上的人情事理，一点点地积累社会经验、学习说话技巧和处世之道，了解人际关系的复杂，这是整个实习过程中最宝贵的一部分。整个实习历程，我不仅看到自己好的一面，还将自身各方面的缺点与不足毫无保留地放大出来，这将是我今后人生发展上最有力的帮助。

S5：很幸运一直有师傅带着我们，教我们应该怎样去做。前三个月，还会有固定的时间跟负责不同领域的领班来为我们培训。其实，这一年能有这样的成绩，有一半的功劳要感谢不辞辛劳来为我们培训的每一位领导，她们把会的东西全都毫无保留地教给了我们。

同样是看书，在学校和在酒店有着不一样的作用。工作实践使学生认识到了自身的不足，找到了学习的途径和方法，懂得了如何将理论和实际结合起来。此外，工作实践还使学生意识到，要经常跟踪专业新技术、新动态，时刻走在行业的前列；要注重积累经验，增长自己的见识；要注重养成终身学习的习惯，扩大自己的知识面，只有这样才能促进自己不断进步。

S6：读书是很有效的学习途径。到了酒店，你可能需要一本关于酒水知识的书（葡萄酒、烈酒、鸡尾酒等）、咖啡知识的书（学会怎么样做一杯漂亮的卡布奇诺，先要知道什么是卡布奇诺）、食品知识的书（一些基础的厨师知识、菜品知识等）。

这次实习还使学生深刻体会到了英语的重要性。在接待的顾客中，有很大一部分是外国人，与他们沟通交流需要熟练地掌握英语。通过这次实习让学生认识到了自己的不足，同时给了他们努力学习的动力。

S7：在五星级的涉外饭店中，英语的实际应用能力包括听、说、写。在接触来自世界各国的客人的过程中，英语作为国际通用语言发挥了它的重要性，没有它，我和客人就没法沟通，更提不上为客人服务。

S8：在这里，每天都有非常多的老外，因此我才认识到英语是一门多么重要的语言技能。我的英语底子不好，只能进行基本的交流。但是，我的同事们一个个口语流利，和外宾聊天时好像就是一个国家的朋友一样，这让我非常自愧不如。

四、社会能力的提升

实习还加深了学生对社会复杂现象的认识，增长了见识。实习使学生明白了社会与校园是完全不同的，要学习的有很多，要思考的有很多，要想通的也有很多。

S9：在10个月的实习生活中，我们遇到了形形色色的人，不仅是客人，还有领导、同事。每一个人对我们都会产生不一样的影响，形成不一样的意义。当然，对于我们从事服务行业的人来说，与我们接触最多、产生最多影响的还是形形色色的客人。每个客人都会有属于自己的习惯，进而产生不一样的需求。

S10：我认为在酒店实习可以开阔我们的眼界，丰富我们的知识。因为你可以和各种不同的客人沟通、交流，去了解他们的故事、他们的民族文化。这时候，你就会真正理解那句话，"世界那么大，我想去看看"。所以，趁年轻，多学习，多看看。

学生在实习之前，对实习充满了这样或那样的猜想，但大家肯定都没有猜到实际的情况。社会上的复杂性真的给这些在校的大学生好好地上了一课。在实习刚开始的时候，学生多少有点不适应，心里有点波动。因为之前大家都没有这种实践的经历。突然间干些重活、累活有些吃不消，好在学生能及时、积极地调整心态和适应岗位。

S2：作为实习生，我们在实习过程中会有埋怨，会有委屈。但是，只要我们坚持，时间会向我们证明一切。

五、团队合作精神的培养

在异乡的专业实习期间，小组成员团结互助，共同分享喜怒哀乐，为了学院的荣誉而战，表现了超强的集体凝聚力。另外，在工作中，为了部门或酒店的整体利益，学生学会了谦虚、妥协和坚忍，正是这种团队精神支持着他们不断地前行。

S6：真诚待人，不只是对客人，对身边的同事更应如此。酒店作为我们进入社会的试阶石，学会如何处理和平衡人际关系是十分重要的，真诚待人就是我们进入社会的第一步。

S3：第二个要与大家分享的是谦虚与勤快。这是我在部门待得时间长了之后教新来实习生工作时特别有感触的一点。大家要知道，酒店不是学校，工作也跟学习不同。没有人会喜欢吊儿郎当的态度。你可以不聪明，你可以一件事需要学习很多遍，但你起码要让他人知道你有一颗积极向上的心以及愿意接受知识、讯息的态度，而这些最能体现出来的就是你勤快做事和谦虚求教。就如副经理说她最喜欢我的一点是不但会积极主动地干活，而且会去询问各种问题，而不是被动接收。

在实习中，也暴露了许多问题。顶岗实习期间，学生是以一名劳动者的身份进入实习企业的。在企业中，学生的交往面突然扩大，交往对象更加复杂，有威严的上司和来自四面八方的同事以及客人，他们的级别、身份、年龄、地域、习俗、资历各有不同，因此在学校惯用的那套简单的人际交往方式、固有的思想观念和行为模式显然已经无法应对这些复杂微妙的人际关系。

首先，大学生虽然适应力强，融入角色快，但是存在动手能力弱、对困难和辛苦估计不足、受情绪影响比较大等问题。学生实习的心理呈曲线波动，在实习开始阶段会出现害怕、焦虑等情绪，中期会出现彷徨、退缩的心理。

S7：当自己一个人当班的时候，会感到害怕，会觉得自己可能会因做得不够好而被经理责备，从而对工作带来影响。

S8：期间有过彷徨，有过退缩，也经常抱怨。每次老师来看我们的时候，我们都像被欺负的孩子见到亲人那样诉说满腹委屈，很庆幸我们都坚持下来了。因为我们一直告诉自己别人能做好的事情，我们也一定可以！

其次，在人际交往上，不善于口语直接表达交流，偏重书面性的间接交流，导致沟通不及时，易滋生误会。

S10：我们餐厅不会给客人提供任何免费的饮水（住店客人和小孩子除外），这让很多的客人无法理解，但大多客人都愿意接受一个酒店的规程。当然也有意外，很多客人会因此而恼怒。这个我觉得就是在解释的时候会存在一些问题。有客人因此向我的经理投诉，说我态度傲慢无礼。

再次，实习单位要求实习生一律从最基层的岗位做起，大学生往往刚开始转不过弯来，心理落差较大，一时难以调适；一些基层管理者在工作中不讲究管理技巧，普遍采用简单粗暴的做法，没有考虑到实习生的特别地位和特殊心理，令自尊心强的大学生一再产生挫败感等。

S9：从工作那天开始，我过着与学校完全不一样的生活，每天在规定的时间上下班。上班期间要认真准时地完成自己的工作任务，不能草率敷衍了事。我们肩上扛着的责任不再只是对自己了，而是对一个餐厅的整体，所以凡是都要小心谨慎。即便困难再多、委屈再多，我都没有向家人和指导老师抱怨，因为总该学会承担、学着长大。

如何尽快适应由身份转变带来的各方面的转变，减少心理落差，是重中之重。所以，如何让学生尽快转变，适应酒店的环境、工作节奏，就显得尤为重要。这就需要在校期间强化实训，以实现课堂教学与企业工作无缝对接。

附　件

筹建台州旅游酒店职业教育集团方案

为适应职业教育快速发展的新形势，贯彻落实《国务院关于大力发展职业教育的决定》和全国、全省职业教育工作会议精神，提高行业指导能力，深入推进产教融合，加快发展现代职业教育，共同打造旅游酒店专业职教品牌与特色方阵，现拟组建台州旅游酒店职业教育集团。

一、意义

职教集团是在新形势下实现职业教育资源共享，促进职业院校和企业优势互补，加速职教发展的新途径和新模式。职教集团不同于企业集团，是一种以职业教育校企合作、工学结合为主的办学联合体。各成员单位仍保持独立法人资格，在法律地位上完全平等。组建职教集团是建立适应社会主义市场经济体制以及市场需求与劳动就业密切结合的现代化职业教育体系的重要举措，是加快职业教育改革与发展步伐，提高职业教育办学水平，提升职业教育服务经济能力的有效途径。职教集团的组建和运作符合现代职业教育的发展方向和职业教育培养技能型人才的本质要求，有利于促进职业教育办学模式的改革，实现职业教育与市场需求的对接，有利于从根本上解决二者"两张皮、相脱离、不适应"的问题。建成的职教集团将会充分发挥主导、示范、辐射的作用。

二、基本思路

台州旅游酒店职业教育集团由台州科技职业学院人文旅游学院牵头，联合相关职业院校、企事业单位、行业协（商）会等共同组建。凡具有独立法人资格的职业教育机构、行业协会和企事业单位均可加入集团，成为集团董事会成员。集团将充分发挥职业院校、行业协会、企事业单位各自的优势，进一步优化职业教育资源配置，提高办学水平，实现资源互补、政策共享、连锁培养、科学发展的目的，走出一条低投入、高效益的职业教育发展新路。董事会成员之间的教育和经济业务往来可以通过协作、参股、转让等多种方式进行。集团坚持以对接旅游酒店产业、服务经济建设为宗旨，以校际合作为基础，以校企合作为依托，以专业发展为纽带，以复合型、创新型、发展型人才培养为核心。

三、性质

（一）社会组织

台州旅游酒店职业教育集团是以台州科技职业学院人文旅游学院为龙头，以台州市旅游局、市内外有旅游酒店专业的职业院校、有合作关系的旅游酒店为主体，按照平等、互利、自愿的原则组成的，以培养旅游酒店中高级技能型人才为目标的社会组织。集团以理事会和专业委员会的形式开展工作，接受台州市旅游局的业务指导。台州旅游酒店职业教育集团是一个以协调服务为主的社会组织，是学校和企业共同发展的桥梁和纽带。

（二）混合所有制企业

台州旅游酒店职业教育集团是专门为高星级酒店、大型餐饮集团、旅行社、景区景点提供教育、培训、管理咨询、顾问的机构，主要从事教育、技能培训、酒店运行、旅行社经营、管理咨询、康乐服务、会议服务等工作。集团由一家酒店、一家旅行社和学校三方出资建立。

四、宗旨

整合教育资源优势，深化教学改革，突出办学特色，强化社会服务，提高办学效益，着力解决职业教育服务地方经济社会发展能力不强等制约职业教育发展的问题。

利用集团化办学增进职业学校与行业、企业、科研院所的合作，推动职业教育办学体制和运行机制改革创新，实现以强带弱，强强联合，走集团化、特色化发展之路。

通过职业教育和培训，搭建校际合作、校企合作、区域合作的平台，实现学校与企业信息沟通、学校与市场接轨，并充分为学生实习、实训和在集团内企业就业提供优先条件，为经济和社会发展服务。

五、原则

（1）坚持成员单位自愿、平等、互惠互利的原则。

（2）坚持立足台州，面向全省，走向全国的原则。

（3）坚持整合资源，形成专业品牌的原则。

（4）坚持校企合作、产教融合、互惠共赢的原则。

台州市旅游职业教育集团章程

为进一步整合职业教育资源，推进校企合作，促进职业教育教学改革，提高教学质量和办学水平，由台州科技职业学院牵头，联合有关院校、企业、行业协会等，组建台州市旅游职业教育集团（以下简称集团），特制定本章程。

第一章 总则

第一条 集团名称：台州市旅游职业教育集团。

第二条 集团性质：集团由台州科技职业学院人文旅游学院牵头，联合有关院校、企业、行业协会等，按照平等、自愿、互惠互利的原则，立足为当地酒店业、旅游业服务的非独立法人合作组织，各成员单位原有的人、财、物渠道及法人地位不变。

第三条 集团宗旨：以台州科技职业学院人文旅游学院为龙头，以酒店管理、旅游管理专业为核心，整合教育资源。以服务为宗旨，以就业为导向，加强产教融合、校企合作、校校联合，优化资源配置，实现资源共享，充分发挥整体优势、组合效应和规模效应，提高集团的核心竞争力，为社会培养更多的高素质技能型人才。

第二章 集团的任务

第四条 集团的任务：

1. 人才联合培养。通过开展订单培养、中高职"3+2"、企业在职员工"双元制"学历教育或培训、政府部门委托培训项目等，开展学校间、校企间、校政间人才的共同培养工作，拓展人才培养的合作渠道，提高人才培养的针对性、实用性和有效性。

2.设施资源共享。通过学校与政府、学校与学校、学校与企业共建共用校内外实训基地、机构、培训中心等形式，发挥资源的综合效应，提高资源使用效率。

3.师资共培互聘。建立集团教师与专家资源库，建立教师与企业专家结对联系、相互交流机制，实施集团院校成员单位间教师互聘，开展企业专家进课堂、专业教师进企业等活动，加快职业院校"双素质、双结构"教学团队建设。

4.专业特色共育。通过学校与行业企业共同制定专业人才培养方案，共同开展课程开发，共同实施人才培养模式改革等途径，促进专业特色的形成，培育具有地方特色的优势专业。发挥学校现有专业优势，加强校间合作，促进地区专业优势互补，最大限度地满足社会人才需求。

5.科技与社会服务共推。通过共同组建科技开发与服务团队，发挥成员间各自资源优势，推动科技攻关、技术开发、技术指导、技术培训等技术服务活动的广泛开展，提高行业企业的技术水平与员工素质。

6.招生就业工作联动。加强职业院校与行业企业的合作，开展人才需求状况深度调研与毕业生质量状况的长期跟踪，建立健全毕业生就业服务网络体系，为职业院校招生就业、创业教育等工作提供有益服务。

第三章 集团的管理体制

第五条 集团由成员单位组成，实行理事会制。

第六条 拥护本章程的职业学校、政府部门、有一定社会影响的行业、协会、企业、科研单位、就业指导机构均可参加本集团。

第七条 申请加入本集团的程序：

1.提交加入本集团申请登记表及单位基本情况。

2.理事会考察并讨论通过。

第八条 集团成员退会应书面通知集团秘书处。

第九条 集团成员单位推荐一名代表，担任集团理事，任期三年。理事代表及其所在单位参加集团的会议及有关活动。

第十条 集团建立理事会及秘书处，理事会是最高权力机构。

第十一条 理事会设立理事长1名，理事长由牵头台州科技职业学院人文旅游学院院长担任，副理事长3名，由发起单位主要负责人担任。理事长、副理事长由选举产生。理事会下设秘书处，设秘书长1名，副秘书长若干名，由理事会指定。各职务任期3年，可以连任。

第十二条 理事会每年召开一次会议，须三分之二以上理事出席。若理事不能出席会议，可委托他人出席。若遇特殊情况，可由理事长提议，召开临时理事会。

理事会和临时理事会实行民主集中制。

第十三条 理事会的职责。

1. 制定和修改集团章程。

2. 选举和罢免领导机构成员。

3. 制定集团年度工作方案。

4. 审议理事会年度工作方案。

5. 审议通过集团理事会或理事提出的议案。

6. 审议和决定集团的其他重大事项。

第十四条 集团秘书处设在台州科技学院，其主要职责如下：

1. 负责集团年度工作方案的落实。

2. 负责集团宣传和档案管理等工作，做好集团的联络工作。

3. 筹备理事大会，负责起草会议文件，撰写工作报告。

4. 集中并代表成员单位间的利益和要求，对招生、课程改革、实习实训、就业、教师培训等问题向集团提出意见和建议。

5. 收集和发布职业教育人才培养信息、人才供求信息，协调成员单位的招生、就业工作；负责集团网站工作。

6. 负责完成理事长、副理事长交办的日常工作。

第十五条 为切实做好职业教育集团化办学的服务工作，由集团牵头单位及部分常务理事单位发起并作为主办方，成立非盈利性的民办非企法人单位——台州市酒店旅游职业教育研究会（以下简称研究会）。

第十六条 研究会主要职责：服务各成员单位，具体承担集团化办学研究与咨询、集团经费管理、集团职教资源建设与管理、集团活动与培训组织等工作。

第十七条 研究会主管单位为台州市教育局，登记单位为台州市民政局，研究会章程按照民办非企法人单位举办，要求另定。研究会除开办资金归投入方所有外，后期运行积累资产归集团所有。

第四章 成员的权利和义务

第十八条 集团由单位成员组成，市内外中高等职业院校与培训机构、相关行业、企业与科研院所等法人单位均可申请参加。

第十九条 申请加入集团，应具备下列条件：

1. 有加入集团的意愿。

2. 承认集团章程。

3. 具有独立法人资格和较好的声誉，并愿意履行章程规定的相关义务。

第二十条 加入职教集团的程序：

1. 提交加入职教集团的意向书或申请书。

2. 经集团常务理事会讨论通过。

3. 与集团签署加盟协议。

4. 颁发集团成员证书。

第二十一条 集团成员单位应履行的义务：

1. 遵守国家法律法规和集团章程。

2. 执行集团理事会决议。

3. 积极参加集团的相关活动，支持集团成员间开展的各项合作，完成集团交办的有关工作。

4. 企业成员单位应按协议接纳院校成员单位学生实习，并选派符合条件的人员担任实践指导教师。

5. 企业成员单位应按协议选派专业技术人员参与院校成员单位的专业建设、课程建设、实训基地建设等工作，并承担部分专业课程的教学任务。

6. 院校成员单位应按协议优先为企业培养输送所需的各类专门人才，并为企业提供员工培训、技能鉴定及其他技术服务。

7. 自觉维护集团的社会形象与合法权益。

8. 自觉保守集团秘密。

第二十二条 集团成员单位享有的权利：

1. 具有选举权、被选举权和表决权。

2. 参与职教集团的各项相关活动。

3. 对职教集团的各项事务有提出批评、意见、建议与监督的权力。

4. 有权要求集团理事会、常务理事会协调与支援。

5. 企业等成员单位在同等条件下，有权优先录用集团内院校优秀毕业生。

6. 有享受信息交流、教学咨询、科研成果转让、实验实训设施等各种资源的权利。

7. 拥有申办集团年会及其他会议的权利。

第二十三条 集团成员单位有退出集团的自由。单位主动退出集团应向集团提出书面申请。

第二十四条 集团成员若违反本章程，损害集团声誉和利益，情节严重且劝告无效的，由集团理事大会表决通过后责令其退出或予以除名。

第五章 资产管理及使用

第二十五条 集团的经费来源：

1. 政府项目资助。

2. 集团成员单位提供的赞助和支持。

3. 国内外团体、单位和个人的资助、捐赠。

4. 在中心核准的业务范围内开展活动或服务的收益。

5. 其他的合法收入。

第二十六条 集团经费必须用于集团内的业务工作和事业发展，不得在成员中分配。

第二十七条 集团经费由中心负责管理，设立专门账户，实行理事长签字审批制度。同时，集团建立严格的财务管理制度。

第二十八条 集团换届或更换理事长之前，必须接受中心业务主管单位的财务审计。

第二十九条 集团资产管理执行国家规定的财务管理和资产管理制度，接受理事大会和财政部门的监督。

第六章 终止程序及财产处理

第三十条 集团完成使命，或自行解散，或由于其他原因需要终止活动，由常务理事会提出终止议案。

第三十一条 集团终止议案须经理事大会表决通过，并报主管部门审查同意。

第三十二条 集团终止后的剩余财产在主管部门的监督下，按照国家规定，用于发展职业教育事业。

第七章 附则

第三十三条 本章程经理事大会表决通过，并自集团成立之日起生效，同时上报主管部门备案。

第三十四条 本章程解释权属集团理事会秘书处。

台州市酒店旅游职业教育集团

二〇一四年十一月十日

附件一：台州旅游酒店职业教育集团理事会成员

台州市旅游局

仙居县职业中专

天台县职业中专

台州耀达国际酒店

台州黄岩耀达酒店有限公司

台州花园山庄

临海远洲国际大酒店

杭州开元名都大酒店

杭州凯悦酒店

杭州百格旅游咨询有限公司

上海兴荣德姆至尊豪廷酒店

上海秀仕酒店经营有限公司分公司

台州交通旅行社有限公司

台州市海峡旅游有限公司

温岭春秋旅游有限公司

浙江台州黄岩布袋山旅游开发有限公司

台州市商都旅行社有限公司

台州市平安旅行社有限公司

台州时代假期旅游有限公司

台州神州旅行社有限公司

台州市远通旅游有限公司

台州市商都旅行社有限公司

台州市国立国际旅行社有限公司

台州市凤凰旅行社有限公司

台州华夏国际旅行社有限公司

台州中国青年旅行社有限公司

台州桔都旅行社有限公司

人文旅游学院酒店管理专业顶岗实习方案

一、顶岗实习设置的目的要求

顶岗实习是酒店管理专业教学过程中重要的实践环节，是学生学以致用，将专业知识和实践技能结合起来的最佳实践机会，是对学生第一阶段学习成果的综合检验。通过定期在管理到位、理念先进的省内外国际品牌酒店、台州市内四星级和五星级品牌酒店 10 个月的实习，使学生有机会巩固、充实、加深、扩展专业知识，开阔国际视野，提升专业技能，提高分析问题和解决实际问题的能力，同时达到有效培养学生的职业态度、敬业精神和团队合作精神，更好地服务于长三角区域酒店行业及其他服务业的目的，并为进一步探索和完善酒店管理工学结合、工学交替的人才培养模式提供条件。

二、实习时间及实施办法

（一）实习时间

2015 年 2 月至 2015 年 12 月（具体时间以校企协议为准）。

（二）实施方案

（1）与合作关系良好的酒店继续合作，分院组织安排对有新合作意向的酒店实习基地进行考察，在考察酒店管理理念、企业文化的同时，重点考察实习生的工作场所、生活场所、住宿环境、安全保障等，最后经慎重筛选确定上海浦东丽思卡尔顿酒店、上海柏悦、上海兴荣温德姆至尊豪庭、杭州凯悦、杭州开元名都、宁波华侨豪生、宁波凯洲皇冠假日、台州耀达国际、台州黄岩耀达、临海远洲国际 10 家酒店为 2013 级酒店管理专业的顶岗实习基地。

（2）学生自愿参加面试后，由学院统一组织安排学生到杭州、上海、宁波、临海、椒江、黄岩等地进行为期 10 个月的酒店顶岗实习。上海、杭州、宁波 7 家酒店共面试 86 名学生，台州 3 家酒店共面试 41 名学生。

①上海柏悦酒店（世界顶级品牌酒店，凯悦酒店集团的精品，地点：上海环球金融中心，学生宿舍到酒店乘公交车 6 站可直达，酒店有夜班宿舍）。

②上海兴荣温德姆至尊豪庭酒店（以白金五星打造的一座豪华酒店，拥有

523 间客房。温德姆国际酒店集团是世界上最大的酒店管理集团。地点：上海浦东大道 2288 号，生活方便，宿舍在酒店旁边，步行 3 分钟可到达）。

③杭州凯悦酒店（继续合作，学生反映好，酒店评价学生质量高，学生宿舍到酒店乘公交车 40 分钟可直达，酒店有夜班宿舍）。

④杭州开元名都大酒店（新合作酒店，是中国饭店业集团五强之一的开元集团酒店旗舰店，学生宿舍到酒店乘公交车或自行车 15 分钟可直达，酒店有夜班宿舍）。

⑤台州耀达国际酒店、台州黄岩耀达大酒店（合作关系良好、稳定，生活设施良好，品牌管理不断成熟，宿舍步行可到达）。

⑥上海浦东丽思卡尔顿酒店（隶属于美国万豪酒店集团，是全球首屈一指的顶级豪华连锁酒店公司，学生宿舍到酒店乘公交车 8 站可直达，交通便捷）。

⑦宁波华侨豪生酒店（是世界最大的酒店集团温德姆的高端品牌，酒店有班车接送，车程 16 分钟左右）。

⑧宁波凯洲皇冠假日酒店（是美国洲际酒店集团的豪华品牌，宁波市第一家五星级的国际品牌酒店，学生宿舍到酒店乘公交车 20 分钟可直达）。

⑨临海远洲国际大酒店（台州市第一家四星级酒店，远洲集团酒店的旗舰店，学生宿舍至酒店步行 10 分钟）。

（3）学生在完成 10 个月酒店实习后，应上交实习日志、实习报告、实习小结，并为完成毕业论文设计进行相关资料的收集。

三、顶岗实习内容

（1）了解实习单位，熟悉和适应所在实习单位的管理规章制度。

（2）积极参加各种培训，提升岗位任职需要的技能操作水平。

（3）熟悉实习单位各部门的业务流程和操作技能。

（4）行业企业调研与分析。

（5）完成实习单位委派的其他工作。

四、顶岗实习学生主要任务

（1）如期完成顶岗实习。

（2）填写顶岗实习手册、实习日志和顶岗实习成果记录表。

（3）填写顶岗实习报告。

五、实习中注意的问题

（一）注重培养良好的职业道德

（1）树立高尚的择业观念和职业理想。

（2）培养敬业、乐业的道德情感。

（二）处理好几种人际关系

1. 与上级之间的关系

（1）尊重上级．

（2）注意礼貌。

（3）精明能干，谦虚谨慎。

2. 与同事之间的关系

（1）与人为善，平等尊重。

（2）宽以待人，严于责己。

（3）避免发生冲突。

3. 与客人之间的关系

（1）友善而非亲密。

（2）服务而非雇用。

（3）礼貌而非卑躬。

（4）助人而非索取。

（5）重点照顾而非谄媚拍马。

（三）其他

（1）保证安全。

（2）遵纪守法。

（3）不怕脏累。

（4）谦虚好学。

六、实习指导及安全管理

（一）指导老师组成

指导老师由酒店、校内指导老师共同组成，酒店方主要负责带领和指导学生专业实习操作过程，规范专业实习操作方法，对学生在实习过程中遇到的工作问题和生活予以指导与解决。酒店指导老师应实行有效的现场指导，应特别注意保证学生实习的真实性，认真检查学生实习操作的每一个环节，关心学生实习期间的生活和思想问题，认真做好每个学生的实习记录，并给每个学生写好鉴定评语；校内指导老师负责学生思想、专业知识、心理等方面的沟通与指导。

（二）人文旅游学院成立专业顶岗实习指导小组

组长：毛时亮、江萍。

副组长：朱芬芳、赵晓红、洪珊珊、各酒店人力资源部负责人。

成员：范晓东、姚慧、杨曼华（班主任）、倪红霜、金国平、王晓珑（班主任）、姜玉华（班主任）、梁玲娜（辅导员）、酒店方指导老师、各实习酒店的学生组长。

（三）安全及其他管理

人文旅游学院及旅游系酒店管理专业教研室非常重视学生实习期间的稳定与安全，把稳定与安全放在首位，把稳定与安全要求贯彻到各个层面，直至每个学生个体，采取一系列措施，构建多渠道、多层次的安全管理机制。

1. 构建分院、酒店、学生组长三位一体、联动管理的工作机制

（1）成立分院实习领导小组，并有序地工作。分院全体领导和专业主任担任该小组的主要成员，成员还包括指导老师、班主任、辅导员、各实习点学生负责人等。领导小组分工负责、上下互动，有序地开展管理与指导工作，确保实习顺利完成。

（2）酒店方作为品牌企业，本身执行着一套完善而严格的管理制度与保障措施，包括安全责任等。实习期间，由酒店人力资源部牵头，各相关部门的经理、主管、领班和指导老师将对实习生实行正式员工般的规范化统一管理。

（3）通过自主报名或推荐的方式确定实习小组组长，男女生各1名，负责与酒店沟通有关实习生的住宿、生活、实习、安全等方面的问题，做好协调及服务工作，并及时向指导老师反馈情况。

分院、酒店及学生组长三者有机配合，共同努力，形成合力，构筑起安全管理的防线。

2. 分院在安全管理方面的具体措施

（1）慎选管理、服务一流的高星级、有品牌、声誉好的实习酒店。

（2）与酒店签订内容详尽的实习协议，明确各自的职责、义务、权利，尤其

是安全管理。

（3）派出由酒店方面挑选的学生组成小分队赴市外市内酒店实习。

（4）组织实习领导小组，明确职责，制定方案，安排计划，落实任务。

（5）参照毕业顶岗实习方式，为所有实习生购买实习保险。

（6）与酒店协商为每位实习生办理实习工伤保险。

（7）要求赴市外市内实习的学生在其家长同意的前提下在承诺书上签字，自觉遵守酒店纪律与学校规章，并对自身安全负起相应的责任。

（8）组织学生学习《台州科技职业学院人文旅游学院学生顶岗实习管理条例》《台州科技职业学院人文旅游学院学生顶岗实习实施细则》《实习生须知》，让学生明确实习中自身的权利、待遇、职责，该做什么，不该做什么，并签字，向学校、酒店做出承诺与保证。

（9）召开实习动员大会，着重进行安全教育，明确安全意识，敲响安全警钟。

（10）加强学生自我管理，尤其是发挥学生干部及入党积极分子在学生管理中的作用。每个酒店设 1～2 个实习小组，确定小组长及大组长，明确职责，落实任务；实行每天小组考勤，并向大组长汇报的制度，有问题要及时向本院、酒店相关负责人汇报，走正规途径加以解决。

（11）建立 QQ 群、微信朋友圈、通讯录等，保证联络信息畅通，便于及时发现、解决问题。

（12）每个酒店确定 1 名指导老师（或班主任）作为基本联系人，分院领导、专业主任保持与大、小组长及有问题萌芽学生的联系，掌握学生的各种动态。

（13）与酒店建立定期与不定期相结合的交换意见制度，加强沟通，了解情况，讨论问题，协商解决。

（14）有计划地安排专业主任或指导老师、班主任、辅导员到实习酒店走访，明确任务，及时汇报。

（15）分院领导根据工作需要，有计划地安排走访；邀请学校领导中期走访、座谈、交流。

（16）安排心理辅导老师并经常与问题学生保持联络，开展心理疏导工作。

七、实习考核和奖励

（一）实习考核

实习成绩按优、良、及格、不及格四级评定。

优秀：达到实习计划中规定的全部要求；实习总结能对实习内容进行全面、

系统的总结，能运用所学的理论对某些问题加以分析，并有某些独到见解；实习中无违纪行为。

良好：达到实习计划中规定的全部要求；实习总结能对实习内容进行较全面的概括；实习中无违纪行为。

及格：达到实习计划中规定的基本要求，但不够圆满；能完成实习总结，内容基本正确，但不够完整系统；实习中有违纪行为，经教育能够改正。

不及格：未达到实习计划中规定的基本要求；实习总结马马虎虎或有明显错误；实习中有违纪现象。实习成绩不合格者毕业时只发给结业证书。

实习结束一周内将专业实习鉴定表、实习日志、优秀实习生登记表、实习总结报告送人文旅游学院办公室。

（二）顶岗实习奖励

设立酒店顶岗实习奖学金制度，根据酒店方和校内专业指导老师的双方测评，确定 60% 的奖励名额，对优秀的实习生进行表彰。

附件 1：

台州科技职业学院

顶岗实习指导记录表

（ 20 级）

实习单位：＿＿＿＿＿＿＿＿＿＿

专　　业：＿＿＿＿＿＿＿＿＿＿

班　　级：＿＿＿＿＿＿＿＿＿＿

指导老师：＿＿＿＿＿＿＿＿＿＿

表1 顶岗实习指导老师指导与检查记录表

班级专业		系别		月份	
实习单位				指导老师	

第一周指导	
	指导方式（在□打√）：面谈□电话□电子邮件□ 指导时间：
第二周指导	
	指导方式（在□打√）：面谈□电话□电子邮件□ 指导时间：
第三周指导	
	指导方式（在□打√）：面谈□电话□电子邮件□ 指导时间：

第四周指导	
	指导方式（在□打√）：面谈□电话□电子邮件□ 指导时间：
第五周指导	
	指导方式（在□打√）：面谈□电话□电子邮件□ 指导时间：
第六周指导	
	指导方式（在□打√）：面谈□电话□电子邮件□ 指导时间：

表2 半月一次汇报表

班级专业		系别		月份	
实习单位					
学生实习情况（含生活、考勤、工作进展等）					
存在的主要问题及指导意见					
指导老师 签字					

表3 顶岗实习指导总结表

班级专业		系别		月份	
实习单位					
学生实习情况（含生活、考勤、工作进展等）					
指导老师签字					

表4 酒店顶岗实习指导反馈记录表

实习单位：   指导老师：

指导时间	指导内容	实习组长（签名）	备 注

酒店实习组长工作职责

1. 严格要求自己，善于团结同学，工作认真负责，以身作则，做好表率。

2. 全面掌握本组信息。了解小组成员思想、工作、生活信息，关注整个团队协调发展，不局限于本班。

3. 牢固树立良好的安全意识，做好安全宣传、预防工作；及时联系、配合各方，积极排除安全隐患。

4. 关心组员，加强沟通。关注本组同学思想、工作、身心状况，尤其是一些不良苗头；主动加强与学校、酒店沟通，及时准确反映情况。

5. 定期汇报情况。每两周以电子文档或电话等方式向本校指导老师汇报情况；若遇突发事件（如工伤、赔偿、员工纠纷等），必须在第一时间告知本校指导老师、酒店方，通过组织来解决。

6. 每晚做好小组成员的考勤工作，若遇缺勤立即查明原因。

7. 在安全有保障的前提下，组织小组成员开展一些有益的活动，丰富组员的业余生活，培养成员的团结协作精神。

8. 积极调动组员的工作和学习热情，使大家保持乐观、积极向上的精神状态。

酒店实习组长汇报的内容

1. 酒店管理情况，如宿舍管理人员到位、管理方式、宿舍安排、问题解决等情况。

2. 酒店的岗位安排、实习指导、实习生权益（工资、休息日、工伤处理等）维护情况等。

3. 小组成员考勤情况。每晚的考勤和请假情况。

4. 组员工作情况。工作压力、困难以及工作态度、遵守纪律情况等。

5. 组员生活、身心情况。生活中遇到的困难、如何处理及处理的效果。

6. 小组成员与本校、校外实习生之间的相处状况。

7. 小组成员在生活、思想、心理等方面出现的不良苗头及隐患。

8. 实习中自己和组员的收获、感想、建议。

9. 其他值得汇报的情况。（第一次汇报要包括小组成员的岗位、宿舍安排情况）

附件 2：

顶岗实习手册

（20 级）

姓　　名：＿＿＿＿＿＿＿＿＿
专　　业：＿＿＿＿＿＿＿＿＿
班　　级：＿＿＿＿＿＿＿＿＿
实习单位：＿＿＿＿＿＿＿＿＿

年　月　日

目 录

台州科技职业学院学生顶岗实习守则

1. 遵纪守法，严格遵守校规、校纪和实习单位的各项规章制度，不迟到、早退、旷工。

2. 学生要充分认识顶岗实习的重要性，端正态度，理论联系实际，刻苦钻研实践操作技能，圆满完成任务。

3. 服从学校总体安排，虚心听取校外带教教师或校内指导教师的指导，未经实习单位同意，不得擅自进入档案（资料）室、变电房、油库、材料库等非指定实践场所。

4. 严格遵守安全操作规程，未经指导老师或主管领导允许，不得擅自开动机器设备，杜绝设备损坏事故和人身伤亡事故。

5. 讲文明，懂礼貌，遵守公共道德，尊敬师长。搞好实习场所和生活场所的卫生。爱护公物，不拿实习单位的财物，损坏财物照价赔偿。注意人身和财产安全。

6. 严格执行请假制度，一天内由校外生活老师或指导老师审批，一天以上一周以下（含一周）由校内指导教师审批，一周以上由系部主任审批。

7. 严禁吸烟、酗酒，不谈情说爱，禁止出入夜总会、卡拉 OK 厅、游戏室等营业性场所。

8. 及时收集与整理实习资料，坚持写实习日志，按时完成带教教师布置的作业与任务，顶岗实习结束时，写好实习成果记录并及时上交《顶岗实习手册》。

顶岗实习日志

月　日	岗位工作具体内容

学生成果记录表

（含考证、获得的荣誉或奖励、发表的文章、工作业绩等）

注：请附相关成果的证件复印件。

台州科技职业学院顶岗实习成绩评定表

姓名		班级	

单位指导教师评语（考勤、工作态度和工作业绩等）：

成绩（百分制）：　　　单位指导教师签字：　　　单位盖章：

年　　月　　日

学院指导教师评语（业务或实习报告质量、顶岗效果等）：

成绩（百分制）：　　　学院指导教师签字：

年　　月　　日

总评成绩（等级）：　　专业负责人签字：

分院负责人签字：　　　分院盖章：

年　　月　　日

注：90～100分为优秀，80～89分为良好，70～79分为中等，60～69分为及格，60分以下为不及格。

合作协议书

甲方：远洲集团股份有限公司（以下简称甲方）

乙方：台州科技职业学院人文旅游学院（以下简称乙方）

为了进一步加强校企合作，甲乙双方在原有合作协议的基础上，本着"互利互惠、共育人才、实现双赢"的原则，经双方友好协商，就开设酒店管理定向班（远洲班）和实习生合作达成如下协议：

一、合作模式与构成

（一）远洲班培养方式

1. 根据甲方的人才需求，乙方为甲方举办酒店管理方向定向培养班，冠名为远洲班。

2. 学历层次：专科，学制3年，人数至少30人。

3. 招生对象：由乙方按国家有关高考招生政策和收费标准负责招生，生源为2012年自愿选择定向班的应届高中毕业生，品貌端正，男生身高不低于1.68米，女生身高不低于1.60米。学生体检程序及体质要求按大专院校规定的录取办法执行。学生到乙方报到后，经甲、乙双方面试合格，方可加入"远洲班"。

4. 培养模式："2+1"模式，即"远洲班"学员学习期间，在乙方完成2年的基本理论和基本技能学习，在甲方参加1年的生产性顶岗实训。"远洲班"学员将作为远洲集团大学生"鸿鹄计划"培养对象的重要补充来源。

5. 培养经费："远洲班"学员不少于30人，甲方向乙方支付10万元/年的费用，共支付3年。费用主要用于学生奖学金、助学金、服装费、教学模拟实验室费用、互访及课程设置费用以及学员在店工作管理费用。

6. 支付方式及日期：甲方投入乙方费用分三期支付，每期支付10万元。每年10月1日之前，甲方将相关费用打入乙方指定账户：

开户名：台州科技职业学院

开户银行：中国建设银行黄岩支行

账号：3300 1662 2000 5300 9199

7. 费用归属：协议中涉及费用由集团先行垫付。学生入店实习后，集团根据各酒店用人数量，按年度费用划拨到酒店。

8. 学生管理："远洲班"学员纳入乙方学籍管理，同等享受统招学生评先评优、组织发展等一切权利。

9.实习津贴：甲方应配合乙方根据教学计划落实"远洲班"学员到甲方顶岗实训，负责对顶岗实习生的管理及考核，并提供相应劳动安全保障，核发实训津贴（不低于1200元/月）；在店实习3个月后，根据学员实习工作绩效，可以享受最高不超过300元/月的绩效工资；顶岗实训7个月后，若考核合格，可以按规定享受正式员工待遇。

10.考核与职业发展：甲乙双方共同考核，其中基础理论知识考核由乙方进行，甲方将在打造远洲班专业课程和安排专业课程老师上给予支持。生产性顶岗实训考核由甲方进行。乙方在学生实习管理上给予甲方支持。考核办法由甲乙双方共同认可。经考核合格并获取专科毕业证书即为培养合格。毕业证书由乙方发放。

对于绩效表现达到远洲"鸿鹄计划"要求的学员，甲方将优先予以晋升并按照"鸿鹄计划"发展路径进行培养。远洲集团"鸿鹄计划"成长路径参考下图：

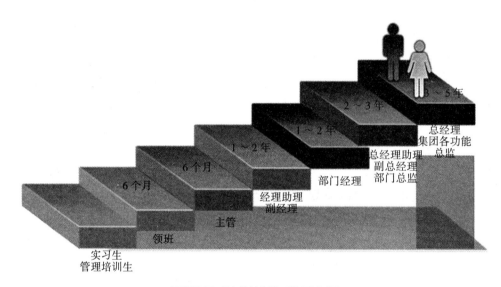

远洲集团"鸿鹄计划"成长路径图

备注：学员在达到"鸿鹄计划"标准后，按以上发展路径进行。

（二）实习生合作

1.乙方每年向甲方输送至少10名实习生，实习时间为10个月。实习生实训津贴参照远洲班学员实训费用标准予以支付。

2.甲方比照乙方目前合作单位的费用标准，支付实习生管理费用。负责在店实习生的教学及日常管理工作。

3.实习生在店实习期间，将进行月度和综合期考核。综合期评定为优秀实习生，在毕业返店且经过 3 个月试用期后，将直接纳入"鸿鹄计划"。

二、责任与义务

（一）甲方责任与义务

1. 甲方有权检查乙方在具体教学过程中所执行的教学计划是否符合培养目标并提出修正意见。

2. 甲方应选派有丰富实践经验且能从事教学工作的专业技术人员和管理人员配合乙方开展教学工作及生产性顶岗实训培训工作。

3. 甲方承诺乙方培养的"远洲班"学员经理论和生产实训双重考核合格获得毕业证书且身体健康者录用为正式员工并免除试用期；对品学兼优的学生在岗位安置时可择优聘用到重点岗位，进行重点培养。

（二）乙方责任与义务

1. 乙方应严格按招生要求录取自愿定向生，做好《定向生培养合同书》签订工作。

2. 乙方应按照德、智、体、美全面发展的目标培养优秀学生。

3. 乙方承诺严格按照双方商定的人才培养方案组织实施教学工作。

4. 乙方应配置专职辅导员做好定向班学生在校学习期间的思想教育和管理工作。

5. 乙方有权不定期检查定向班学生顶岗实习期间的实训工作及实训任务完成情况，监督实训相关任务的落实完成。

6. 乙方承诺向考核合格的定向班学生颁发国家承认的专科毕业证书。

7. 乙方应在教学中将甲方提供的企业文化及专业课程纳入教学计划。

三、其他

1. 学员在店实习有以下情况：

（1）违反甲乙双方有关管理制度中开除、解聘用工关系等条款以及触犯国家法律的；

（2）在校期间，退学或终止学业；

（3）在甲方实习期间，因重大违法违规行为，被企业开除。

出现以上特殊情况的人数在总人数 10% 以内，乙方应退还相关人员所发费用的 50%；若此类人数高于 10%，乙方应全额退还相关人员所发费用。

2. 甲方将采取措施吸引乙方学生返回企业工作。乙方应优先推荐远洲班学员到甲方企业就业。

3. 本协议一式两份，经双方代表签字、盖章后生效，甲乙双方各执一份，双方承诺遵守有关条款，未尽事宜由双方协商解决；首届定向班合作如双方满意，可续签合作协议。

甲方盖章：　　　　　　　　　　　乙方盖章：

代表签字：　　　　　　　　　　　代表签字：

日期：年　月　日　　　　　　　日期：年　月　日

校企合作订单培养协议书

（假日国旅班）

甲方：台州假日国际旅游有限公司

乙方：台州科技职业学院

为了推进校企合作，培养高素质、高技能的旅游"领班"型人才，促进台州旅游产业的快速提升，甲乙双方本着实行"优势互补、资源共享、服务社会、相互支持、共同发展"的原则，经双方充分协商，就开设旅游管理定向班（假日国旅班）达成如下协议。

一、甲方经过宣讲、面试、筛选，在乙方的三年制旅游管理专业学生中，在学生自愿报名的前提下，选拔出不少于 20 名学生组成"假日国旅班"。"假日国旅班"学生录取条件如下。

1. 成绩优异、热爱学习、品德好、能吃苦耐劳，愿意从事导游工作的学生。

2. 五官端正，身体健康。

3. 生活态度乐观向上，热爱假日国旅，忠于假日国旅。

4. 家庭贫困、肯吃苦、抗挫能力较强的学生优先考虑。

5. 从 2012 级旅游管理专业学生中开始实行。从 2012 年 11 月合同签订后开始运行，试行一届，如果甲乙双方合作良好，双方再协商续签协议，将这一合作模式推广到以后的各届学生。

二、培养模式：订单培养采用"2+1"模式，第一、二学年在校学习，期间核心课程由甲乙双方共同开课，并可通过导游服务中心轮流安排"假日国旅班"学生参加甲方节假日顶岗实习。第三学年（10 个月）到甲方顶岗实习（含毕业实习）。

三、"假日国旅班"采用"工学交替"的教学组织模式，由甲、乙双方共同制定人才培养方案，共同组织教学。"假日班"的学生必须完成甲、乙双方共同制定的人才培养方案的教学任务。调整后的人才培养方案在确保本专业高职大专人才培养规格的前提下，应根据甲方的企业文化、产品特点、企业岗位需求情况、岗位资格证书及企业急需的一些特殊知识、技能等要求制定"假日国旅班培养课程"，缩短学生到甲方顶岗的磨合时间，实现有效上岗。

四、凡乙方进入"假日国旅班"的学生必须自愿与甲方签订人才培养合同，并享受甲方提供的奖学金、助学金等经济补助。学生顶岗实习时间为一学年（10个月），毕业后必须在甲方公司工作时间不少于 1 年，学生中途离职按甲方与学生签订的劳动合同办理。

五、如果经报名、选拔的学生人数不足 10 人，不成立"假日国旅班"，已经报名且迫切希望到甲方顶岗和就业的学生，经甲乙双方协商可作为乙方的"一生一案"模式进行培养，也可享受甲方提供的经济补助。

六、甲方的责任和义务

1. "假日国旅班"成立时，甲方派人来学校进行企业宣传，介绍企业岗位的设置情况、学生在校需要掌握的知识和技能及一些岗位资格证书等，带学生到公司进行参观，并在每个学期派业务骨干或专家给学生开设专业知识讲座。

2. 甲方应为"假日国旅班"的学生以平均每年每生 1 000 元的额度提供教学基金，作为学生在校期间的奖学金、助学金、教师增加的教学及组织活动等支出，具体分配方案由乙方制定和负责实施，并报甲方备案。奖学金的额度根据学生的实际情况可适当灵活变动。教学基金每年支付一次，第一学年应在"订单班"签约后一个月内打入乙方指定学校账户，第二学年应在开学后一个月内打入乙方指定学校账户。

3. "假日国旅班"的学生参加顶岗实习（含毕业实习）时间为第三学年，从7月份至次年的4月份，共计10个月，往返交通费用由甲方承担。

4. 顶岗实习期间乙方向学生支付每月 400 元的实习津贴（持证学生每月 600 元的实习津贴），享受带团补贴，并提供给实习学生一份意外保险。学生在顶岗实习期间，享受乙方实习生劳动待遇，三个月后双方根据实际情况可协商申请转为正式员工，享受正式员工待遇，资金福利不低于同类同岗及业绩相似的员工。实习生在顶岗实习期间，乙方根据当地有关规定为学生办理实习险以外的其他相关保险。

5. 确定若干名素质高、能力强的业务骨干担任学生在企业的指导老师。

6. "假日国旅班"的学生顶岗期间，甲方按照乙方制定的实习实训内容，有计划地组织实习实训学生开展企业情况、规章制度、服务技能、岗位安全制度、职业道德、消防安全和食品卫生等教育和培训，提高学生专业素养。实习期结束后，甲方指派人员给实习学生写出实习鉴定报告，全部学生毕业后必须无条件由甲方安排就业，并签订正式的劳动合同。甲方在选拔业务骨干与管理人员时，在同等条件下优先选择乙方学生。

7. 甲方要加强对学生的安全生产教育，提供国家规定的安全劳动保障，对学生到甲方实习、上班期间发生的人身安全事故负责。

8. 不得无故将实习生退回，但有权对违反甲方规章制度的实习生进行教育，对屡次违纪并教育不改的实习生知会乙方后予以辞退。

9. 甲方每年提供乙方带班老师 1 ～ 2 次的跟团学习安排，为甲方专业教师的课题研究提供调研和资料支持。

10. 承担其他应由甲方承担的责任和义务。

七、乙方的责任和义务

1. 牵头修订有效的"假日国旅班"人才培养方案并组织实施。

2. 应按照甲乙双方商定的标准，严格挑选和推荐参加订单定向培养的学生，不得安排不合格的学生进入本订单班。

3. 应做好"假日国旅班"引导工作，让学生理解和遵行甲方的管理模式，保证教学任务的落实。委派专人负责联络顶岗实习事宜，参与顶岗实习的管理和指导工作。

4. 负责"假日国旅班"学生在校期间的生活和学习管理，加强对进入甲方上岗以后学生的跟踪了解，协同做好教育和业务指导。

5. 加强在本院相关专业学生中对甲方情况的宣传，并开辟专栏。

6. 应做好学生的思想教育，有责任协助甲方对学生进行管理，及时了解学生在企业的顶岗实习情况，共同确保顶岗实习的顺利进行。

7. 响应甲方提议的校企合作交流活动。

8. 接待甲方来校人员，牵头审定奖学金、助学金的发放金额与名单。

9. 力所能及地为甲方的员工或技术人员提供培训。

10. 承担其他应由乙方承担的责任和义务。

八、甲乙双方合作基地牌取名为"台州假日国旅—台州科技职业学院人才培养合作基地"，分别挂于对方合作场地显眼位置。

九、未尽事宜，双方友好协商解决。若有争议，双方尽量协商解决，如协商不成，请有关行政部门协调解决。

十、本协议一式两份，甲乙双方各存一份。本协议自双方签字盖章之日起生效。

甲方代表（签字盖章）：　　　　　乙方代表（签字盖章）：

_____ 年_____ 月_____ 日　　　　_____ 年_____ 月_____ 日

校地合作协议书

甲方：仙居县埠头镇人民政府

乙方：台州科技职业学院人文旅游学院

为了进一步发挥台州科技职业学院人文旅游学院的人才优势和仙居县埠头镇的资源优势，促进校地合作与富民增收，推动教育事业和经济社会发展，本着"优势互补、共谋发展、互惠互利、实现双赢"的原则，经双方友好协商，决定建立校地合作关系，并就合作事宜达成如下协议。

一、合作方式

甲方提供开展校地合作的工作环境、工作条件及优惠政策，乙方提供技术成果与技术力量，在旅游人才培训、文化交流、乡村旅游开发等方面开展广泛的合作。

二、合作内容

甲方将乙方作为人才培训基地和产业发展的技术依托单位，乙方把甲方作为科学研究、教学实习及学生就业基地，双方开展旅游开发、教学实践、技能培训、文化交流等方面的合作。

1. 人员培训。乙方根据甲方发展需要，共同创办"埠头镇乡村旅游学院"，为甲方培训各级各类旅游人才。甲方每年邀请乙方专家开展培训讲座，并组织一定数量的培训学员。

2. 顶岗实习与社会实践。乙方将甲方作为大学生顶岗实习与社会实践基地。甲方选择条件成熟的乡村旅游基地作为乙方的教育实习基地，安排一定的岗位，提供相应的条件。

3. 毕业生就业与创业。甲方组织辖区内各单位每年根据用人计划到乙方举行现场招聘会，优先引进大学毕业生，并为自主创业者提供优惠政策。乙方支持、鼓励应届毕业生到甲方就业和创业，为甲方用人单位前往乙方选拔毕业生做好推荐和服务工作。

4. 决策咨询。乙方参与甲方重大旅游项目的论证、规划及实施方案的制定。根据甲方需要，在旅游开发等领域，乙方推荐一定数量的专家，由甲方聘请为旅游发展顾问。

5. 科技合作。乙方鼓励、引导学院教学科研人员对甲方旅游发展中的重大难题开展科技攻关，组织专家指导、协助甲方研究解决旅游发展中的难题。甲方每年安排一定的项目，提供相应经费，由乙方立项研究，以项目推动旅游发展，项目课题研究、实验成果优先在甲方实施应用。

6. 文化交流。根据仙居县文化资源禀赋特点，乙方委派相关专家为甲方策划、包装、推介文化旅游开发项目，指导甲方文化旅游产业发展。在甲方举办各类文化节庆期间，组织相关专家到场开展考察、采风、文艺创作和专家论坛活动，组织学生参与演出及各类服务工作。

三、双方基本义务

（一）甲方基本义务

1. 合作期间，每年安排一定的校地合作专项经费，用于双方合作的工作交流和具体项目实施。

2. 为乙方在甲方开展的科学研究、成果转化、教学实习等提供政策优惠和良好的社会环境。

3. 为乙方师生开展科研、教学、实习提供便利条件。

4. 对双方合作的具体项目提供相应研究、服务经费。

（二）乙方基本义务

1. 合作期间，每年安排一定的工作经费，用于校地合作的组织管理工作。

2. 负责本校承担的甲方合作项目的组织、协调和管理。

3. 根据协议的要求，负责选派教学、科研人员参与技能培训、科技合作、项目开发、咨询服务以及技术难题的研究和攻关。

4. 为在甲方培养高层次人才及开展专项培训提供便利和优惠。

四、协议实施

1. 由双方有关领导共同组成校地合作领导小组，建立校地合作联席会议制度。双方合作期间，每年至少召开一次联席会议，讨论、决定年度合作计划，听取合作进展情况汇报，检查、监督合作项目的落实情况，协调、处理合作过程中的重大问题。

2. 校地合作的日常工作分别由仙居县埠头镇党政办公室、台州科技职业学院人文旅游学院培训中心负责，并各自确定一名联络人员负责经常性的工作联系。

五、合作期限

合作期限暂定 3 年，协议期满后可由双方商定续签协议。

六、本协议一式两份，双方各执一份。自签字之日起生效。未尽事宜，双方友好协商解决。

甲方：仙居县埠头镇人民政府　　　乙方：台州科技职业学院人文旅游学院

代表签字：　　　　　　　　　　　代表签字：

（盖章）　　　　　　　　　　　　（盖章）

　　　　　　　　　　　　　　　　　年　　月　　日

校地合作协议

台州科技职业学院人文学院与黄岩区风景旅游管理局进行校地合作，是双方抓住机遇，谋求发展的现实选择。这对提高学院人才培养质量、科学研究水平、服务社会能力，加快黄岩旅游发展，增强区域整体实力与竞争力，具有重要的现实意义和战略意义。经双方协商，特签订校地合作协议。

第一条 合作宗旨

通过广泛深入的校地合作与实践，建立较为完善的校地合作机制，以政府为引导，以学校为依托，坚持合作互动、优势互补、互惠互利、讲求实效，共同推进学校与地方经济社会的快速发展。

第二条 合作要求

1. 健全校地合作机制，强化双方的组织领导，搭建项目合作平台和决策咨询服务平台。

2. 创新校地合作模式，构建面向地方的教育培训服务体系，推行"产学研用"相结合的人才培养模式。

3. 动员和组织社会力量共同努力，打造校地合作品牌，增强双方的整体影响力、竞争力。

4. 加强友好往来和合作，共同促进可持续发展。

第三条 合作领域

（一）人才培养

1. 开展校地联合办学，优势互补，各展所长，培养适应地方经济和社会发展的高素质人才；校地联合设立人才培养基地或共建学科专业等，或采取"订单"培养等方式，为地方培养急需的专业人才。

2. 联合开展教学改革试验。根据地方实际需要和专业特点，试点进行"产学研用"相结合的人才培养模式改革；合作共建标准化的实习实训基地，给学生创造更多、更好的实践机会，增强学生的创新意识和专业技能，共同培养适应区域经济发展要求的合格人才。

3. 多方参与，共同开展学生就业指导工作。在毕业生就业、人才需求方面加强信息交流，共同搞好毕业生就业的指导和服务工作；充分利用社会资源，联合进行大学生的思想教育和成才教育，共同开展毕业生质量跟踪调查。

（二）教育培训

1. 根据实际需求，采取多种形式，联合开展干部队伍的管理知识、企业职工的业务技能、教师队伍的师资水平和科技人员的新技术培训，全面提升各类人员的综合素质，为黄岩旅游培养优秀人才，为合作单位建设学习型组织、提升核心竞争力做出贡献。

（三）产业发展

1. 人文学院发挥学科及人才优势，结合黄岩旅游产业发展实际需要，选择研究黄岩旅游产业发展存在的问题及解决策略等课题，主动为黄岩发展献计献策，服务黄岩经济和社会发展。

2. 以双赢为目标，以项目为纽带，在生态环境、景区规划、城市规划、旅游规划等一系列领域开展合作研究。

3. 组织有关专家、教授进行相互考察和学术交流，提高学院科研水平和科研创新能力，提升黄岩区域经济的科技贡献率。

（四）相互服务

1. 双方建立和完善协调发展与互动机制，黄岩旅游管理局要积极关心和支持人文学院的建设发展，为学院的教育改革、学科建设、人才培养、科学研究提供咨询意见和必要的建设经费。

2. 学院增强"以贡献求支持，以服务求发展"的紧迫感和主动性，根据黄岩经济和社会发展要求，为黄岩经济社会发展战略及重大建设项目提供决策咨询和建议；对黄岩旅游企业的发展战略、企业管理和项目可行性论证进行咨询服务；积极为黄岩旅游产业结构调整、旅游产业经营提供服务，共同研究制定旅游发展战略和市场开发策略，积极参加地方组织的各类讲解、竞赛等活动。

3. 黄岩区风景旅游管理局要支持将区内的旅游企业作为学生的实习培训基地，多为学生提供实习平台；积极为学生创造参加省市区系统组织的各类竞技机会。

本协议双方签字后生效。协议一式两份，双方各执一份。

台州科技职业学院人文学院　　　　黄岩区风景旅游管理局

代表签字：　　　　　　　　　　　代表签字：

　　　　　　　　　　　　　　　　二〇一四年九月二十八日

弘扬海洋文化　服务沿海开发
——台州海洋文化特质及对海洋开发的启示

毛时亮

（台州科技职业学院，浙江　台州　318020）

台州地处我国东南沿海中段，是南北海运的中枢地带，负山面海，海域辽阔，形势险要，有"山海雄奇，孤悬而有不可难拔"之美誉。我国著名的人文地理学家王士性有过这样的描述："吾浙十一郡，唯台一郡连山，另一乾坤，围在海外，最为据险。"这种三面环山、一面向海的地域特质使台州沿海先民在受到群山险阻之时，很早就把目光投向了广阔无边的海洋，萌发了拓展海洋空间的意识，积聚了持久开发、利用海洋资源的动机，从而在漫长的发展历程中逐渐形成了台州海洋文化。

一、台州海洋文化的发展历程

从文化发展学的角度看，任何一种区域文化都有一个漫长的、伴随着区域经济发展而演进的历程，并在其独特的发展轨迹中逐渐形成特点，台州的海洋文化也不例外。

（一）台州海洋文化的初创期（从远古到春秋战国时期）

这一时期台州境内已有了一定规模的造船业和海洋航行业，并孕育了利用海洋、开发海洋的文化心态，为台州海洋文化的全面发展和特点形成奠定了基础。台州古称沤越，史载"沤在海中，其上人民入海行"，善于"涉海作舟，以象龙子"。《越绝书》称："越人水行山处，以舟为车，以楫为马，往则飘风，去则难从。"距今约10万年左右的台州早期原始人类"灵江人"（也有称"永宁人"）"有不少属于经过粗糙磨制并反复敲击的击鱼、捕鱼等用的石器、木棒，还有各种色彩鲜艳的海贝、海壳饰品"。仙居下汤文化遗址是目前在仙居、台州乃至整个浙南地区发现的规模最大、保存最完整、时代最早、文化内涵最丰富的一处人类居住遗址。玉环三合潭遗址延续期长达1 800余年，是距今3 000～4 000年的东南沿海岛屿罕见的多层文化遗址，是研究中国沿海岛屿史前文化的典型代表。这一切证明了，新石器时期就有人类在此居住活动，与余姚的河姆渡文化遥相辉映，开启了浙东文明的序幕。

（二）台州海洋文化的发展期（从秦汉到南北朝时期）

这一时期，台州作为中央政府南拓的前沿阵地迅速地发展起来。"西北一侯，东南一尉"，西汉政府为了开疆拓土，巩固南方新设立的政权，会稽郡东部都尉的治所也从鄞县迁到回浦，台州古章安作为东南沿海中部、南北海运的一方要津，开始在东南沿海崛起，与秦汉初期句章、沪渎、番禺、成山、连云并称海上六大古港，且雄踞东南，成为中央政府借以控制瓯、闽两越的军事重镇，也是浙东南的重要军港，造船业、航运业相当发达。黄龙二年，孙权"遣将军卫温、诸葛直率甲士万余人，浮海求夷洲及澶洲。……澶洲所在绝远，卒不可得至，但得夷洲数千人还"。这一军事行动据近代不少学者考证，就是从章安集会稽水师后出发的。这是我国第一次以政府名义经营"台湾"，意义重大。东吴沈莹在两汉海运的基础上，据官方有关资料和民间传闻轶事，以临海郡为主体写出了我国历史上第一部关于东南沿海、南海和台湾的物产风情的海域地方志《临海水土异物志》，这说明当时台州与南海、台湾等地的海上贸易已经相当活跃。

（三）台州海洋文化的繁荣期（唐宋元时期）

这一时期，随着隋朝的统一，台州的政治、军事地位迅速下降，但台州海洋商业文化得以大发展。这一时期，台州的制盐业、造船业、海外交通贸易、中外文化交流盛极一时。自五代至两宋，吴越与两宋商船占主导地位。今天的临海汛桥、黄岩柏树巷在宋代分别称为"新罗屿"和"新罗坊"，是当年海商贸易和聚居之地。章安和松门分别设有市舶司、临海税务街，是宋代的"通远坊"，即通向远方之意，说明当时与台州贸易往来的除了朝鲜半岛和日本外，还有东南亚的其他国家和地区。由于佛教天台宗和国清寺的因缘，中日高僧的佛学往来，也进一步开拓了中国台州和日本之间的海上航道。鉴真和尚、思托等东渡日本，传播佛法，日本高僧最澄、园仁、园载等以大无畏精神，漂洋过海，远渡天台，学佛求法，频繁不迭，其人数之多，规模之大，信仰、追求之执着坚定，为中日海运史及中日文化交流史谱写了壮美的一页。

（四）台州海洋文化的衰落期（明清时期）

台州倭患始于元末明初，至英宗正统初年渐趋剧烈，至嘉靖年间，台州倭患甚为惨烈，史称"东南半壁，几无宁土，岁无宁日"。明朝政府实行严厉的海禁政策，规定"片板不许下海"，导致海运停顿，商贸惨遭破坏，战乱使台州的海运大贾逐渐消失，造船基地也先后崩瘫。清朝继续闭关海禁，严压商船出海，台州沿海实际上成了闭塞不开的死港，台州海运贸易从此一蹶不振。然而，这一时期的海洋军事文化特别是抗倭文化为沉寂的台州添上了浓墨重彩的一笔，极大地丰富了台州海洋文化的内涵。

（五）台州海洋文化的复兴期（近代以来）

清康熙二十四年（1685），朝廷设浙江户关台州分关于葭沚，海门港才开始具备近代港埠意义。1897年，海门正式创立轮埠，"海门轮"首航宁波。不久，椒申（至上海）、椒温（至温州）诸海运航线客货轮相继开通，海门港开始逐渐兴盛，被誉为"小上海"。1902年，台州知府徐承礼首次组织优秀学子赴海外留学，开一代风气之先。王文庆、杨镇毅等留学日本，接受了西方文化，成为反清的中坚力量；陈芳允、柯俊、陈中伟、罗宗洛、朱洗等有的留美、有的留英、有的赴法，学成归国后成就了中国科学界星空的"台州座"。改革开放以来，台州凭借灵活的民营机制和"敢冒险、有硬气、善创造、不张扬"的人文精神，走出了一条富有台州特色的发展道路，迅速跻身于我国沿海发达城市行列。1989年，国务院批准海门港为中国对外开放港口。2001年，国家交通部批准台州市港口统一冠名为台州港，并确定台州港是以海门港区为中心，大麦屿港区、健跳港区为南北两翼的多功能、全方位、综合性的现代化国际大港口。

二、台州海洋文化的内涵和表现形式

在台州海洋文化的长期发展过程中，形成了独具特色的海洋文化。

（一）精彩独特的海洋军事文化

海洋是台州政治的主要舞台，台州在2 000多年间历经了拓边、反元、抗倭、解放等战争，留下了气壮山河的英雄业绩和十分丰富珍贵的海防踪迹，孕育了独特精彩的海洋军事文化。两汉时期，台州成为中央政府借以控制瓯、闽两越的军事重镇。卫温与诸葛直出使夷洲，开启了大陆与台湾交往的序幕。早在东汉，为反抗暴政，台州曾旌揭义旗于海上。东晋临海周胄为反抗强征兵役，响应孙恩起义而克郡城。南朝临海田流为反抗沉重的赋役，称雄于浙江，称"东海王"。南宋时宋室南渡，台州被定为辅郡，宋高宗赵构多次逃难台州，留下许多故事、传说。元代方国珍因不满元朝统治，成为第一个反元的农民起义领袖，提出"东南自保"，称雄浙东。明代戚继光抗倭则为台州海防文化写下了浓墨重彩的一页。

戚继光与台州知府谭纶建立"戚家军""谭家兵",修缮临海城墙,取得台州大捷,现留有台州府城墙、临海桃渚古城等抗倭历史踪迹,以及形成了典型的尚武习俗(戚继光拳的影响)、元宵节间间亮、清明长长节、吃光饼等民间风俗。三门蛇蟠岛曾经是江浙海盗们的主要巢穴。1955年,中国人民解放军海陆空三军首次协同作战,一举夺取了"一江山岛登陆战"的胜利,改变了整个台海的战略布局。

(二)气壮山河的海塘文化

台州堪称"台风之州",是浙江省乃至全国台风灾害最严重的地区。据史料记载,台州历史上曾频遭强台风袭击,自公元1000年以来,发生万人以上死亡的台风灾害不下10次,给台州人民带来了深重的灾难!中华人民共和国成立后,直接登陆台州沿海的台风共有17次(平均约3年1次),占同期登陆浙江省台风总次数四成以上。登陆台州的台风大多可达12级及以上强度,而且大多带来严重灾害,如造成台州特重灾害的6126号、6214号和0414号"云娜"等。面对强台风接二连三带来的重大自然灾害,台州人民共同谱写了一曲又一曲威武雄壮、感人至深的抗台救灾之歌,生动展示了一种伟大的精神。这就是尊重自然、尊重规律、以人为本、果断决策的科学理性精神;众志成城、团结奋战,干群同心、患难相扶的革命英雄主义和集体主义精神;在困难面前不低头、不折腰,愈挫愈奋、顽强拼搏的精神。

海塘和万里长城、京杭大运河并称中国古代三项伟大工程。温黄平原历代海塘遗迹以平直向海推移而连续记录500年沧海桑田变迁,为我国海塘工程中十分罕见的历史地理景观,尤以椒江段的海塘遗迹最具典型意义。历代海塘遗迹记录温黄平原500年海岸线变迁信息,提供"沧海桑田"历史地理实例,集中体现了先民改造自然的艰巨历程,是台州宝贵的"自然人文历史遗产",同时对我国东海岸海陆环境变化和流域性地表物质大迁移的研究亦有很大的科学意义。历代海塘遗迹也是台州人文精神的重要载体,如视死如归、英勇顽强的斗争精神,众志成城、齐心合力的团队精神,屡毁屡建、勇于冒险的拼搏精神,因地制宜、合理规划的科学精神以及围海造田、海涂开发的可持续发展思想。

(三)独具特色的海洋民俗文化

"送大暑船""正月半夜扛台阁"、石塘箬山的"大奏鼓"等是台州渔民在独特的生存环境和历史文化背景下,在长期耕海牧鱼的生产、生活中形成的别具特色的一种传统民俗活动形式。渔民祭祀活动和传统民间文艺表演等作为渔民的一种精神寄托,主要有娱神、娱人两大板块,以祭祀为核心,以民间文艺表演为主轴，含有历史、宗教、生产、民俗等诸多文化内容。这些活动承载着台州渔民许多重大的历史文化信息和原始记忆，使大量的原始祭祀礼仪和民族民间文化艺术表演形式被保留下来，它不仅对活跃渔村文化生活、繁荣渔村文化创作起着巨大的推动作用，还对中国沿海地区祭祀历史有较高的学术研究价值。

（四）丰富多彩的海洋信仰文化

台州沿海渔民在长期征服海洋、生息繁衍的过程中形成了自己独特的信仰文化。台州原始宗教以鱼龙崇拜为主，渔区渔船上的装饰和名称都与古代对鱼神或龙的崇拜有关，如"头犁壁""鲤鱼跳龙门""龙目""乌鸦旗"等。渔区渔民从古至今也一直把渔船的工具或位置编成十二生肖，祈求平安、丰收。台州沿海多妈祖庙，称"天后宫""天妃宫""娘娘宫"，所奉妈祖系专管海事平安的女神。在台州民间信仰的另一位水陆保护神是白鹤崇和大帝赵炳，沿海各地称为白鹤殿、白鹤庙、灵康庙、灵康祠、灵康行祠、赵侯祠、赵侯行祠等，都是供奉白鹤崇和大帝赵炳的祠庙。历代以来，凡买船造屋、购田置业、娶亲嫁女、搬迁开张、张网捕鱼、航海出行等一应大事，都要在大帝爷座下祈求平安如意，这个影响一直延续到现在。"村村有寺庙，户户拜观音"，观音菩萨的信仰在台州各地已广泛流传，在自然界的灾变与人间社会祸难不可能消除的情况下，作为慈悲化身的观世音菩萨就是人们永远的信仰希冀。近代以来，随着西方国家的入侵，带来了基督教等外来宗教，这些宗教和台州本土的道教及其他民间宗教交相辉映，形成了兼容并包、多元合作、和谐互动的宗教文化特质。

（五）海天一色的景观文化

"台州地阔海冥冥，云水长和岛屿青。"台州海岸曲折，山奇水秀，风光旖旎，自古以"海上名山"著称。临海桃渚集峰、洞、石、瀑、滩为一体，誉为五绝风光。宋代文天祥称"海上仙子国，邂逅寄孤蓬。万象画图里，千岩玉界中"。清代冯庚雪赞为"风景直冠东南"。有"台州海天胜境"之誉的三门仙岩洞据《临海志》载，南宋文天祥"至此募兵"。明朝洪武年间，洞中建起"文信国公大忠祠"，仙岩洞遂闻名遐迩。位于台州湾外的大陈岛被誉为"东海明珠"，玉环的大鹿岛被誉为"东海翡翠"，是中国唯一在海上的国家级森林公园，为人们所钟爱。"千洞之岛"蛇蟠岛是目前国内唯一一个以海盗文化为主题的海岛洞窟景区。有东方巴黎圣母院之称的石塘渔村以石塘山为屏，三面环海，楼房、道路皆用石块垒筑，形成了错落有致的古堡式石屋群，建筑风格十分独特。大海的美景与奇特的渔村建筑风情融为一体，海湾、沙滩、礁石、小街，海色海香。

三、台州海洋文化与台州人文精神

（一）海洋文化的商业性和台州商业文化

台州兼有"山海之利"，既有山谷之民的"山市"、泽国之民的"商市"，又有海滨之民的"鱼市"。台州商贸文化历史悠久，隋唐五代，台州已出现了颇具特色的商业活动。当时，临海港的"新罗屿"是来自朝鲜半岛的新罗商船专门停泊的地方，在台州黄岩港还有"新罗坊"，是因为"五代时以新罗人居此"。北宋天台县令郑至道提出过明确包含"工商皆本"之义的"四民皆本"论。南宋时，开埠设市。明清以后，台州工商业更趋活跃，商贾云集，除了在区域内贸易以外，不少商人往返于县城与全国各地之间："或商于广，或商于闽，或商苏杭，或商留都（今南京市）。"光绪二十四年（1898），海门港正式立埠通商。此后，街道店铺林立，商贾云集，景象繁荣，有"小上海"之称。在市场经济导向的改革过程中，台州形成了以民间与政府的互动和联动为途径，以"民营经济、民办文化、基层民主政治"的协调发展为主要特征，以实现富民强市为目标的一种区域经济社会发展模式，即"台州模式"。

（二）海洋文化的开放性和台州人的拼搏精神

"大海给了我们茫茫无定、浩浩无际的观念，人类在大海的无限里感到自己有限的时候，他们就被激起勇气，要去超越那有限的一切。……海纳百川，大海包容一切，在鼓舞人们激起勇气的同时，海洋以其变化莫测而感知人类，教会人类要不断创新，让人类学会交流与包容，以应对万变的大千世界。"海洋文化所具有人类生命的本然性和壮美性：其硬汉子强人精神、其崇尚力量的品格、其崇尚自由的天性、其强烈的竞争冒险意识和开创意识、其激情与浪漫、其壮美心态等深深地影响着台州人民。在台州历史上，沿海居民不断受到倭寇侵犯、绿壳骚扰、台风袭击、战争阴影等影响，但无论天灾还是人祸，台州人总是凭借着大海所赋予的坚忍不拔、永不服输的硬气，去战胜遇到的每一个困难。

（三）海洋文化的包容性和台州人的合作理念

台州是中华和合文化的诞生地，在长期涉海生产活动中，台州人认识到只有共同协作才能达到预期目标。修建海塘遗迹需要众志成城、齐心合力的团队精神，抗击台风需要团结奋战、患难相扶的革命英雄主义和集体主义精神，造船航海更需要人与人之间的合作和支持。台州沿海渔民"打硬股"集资集劳的传统海洋活动促成股份合作制这一新型的经济模式诞生就是一个明显的例证。

总之，在千百年来的海洋开发过程中，台州重商贸、敢冒险、善合作的海洋文化精神也在逐步形成，成为台州人文精神的重要组成部分，具有浓厚的台州地域特色，成为影响台州经济和文化发展的重要文化因素。

四、弘扬海洋文化，为沿海开发战略提供智力支持

21世纪是海洋世纪，综合开发利用海洋，发展海洋经济，是人类解决人口、资源和环境问题的必然选择。实施沿海开发战略是台州加快转变经济发展方式，调整经济结构，发展现代产业体系，提高产业核心竞争力，促进经济科学协调可持续发展的重要途径和举措。当今世界，文化与经济相互交融，文化与经济一体化趋势已十分明显，文化对社会经济的发展已显示出强大的力量，"文化力"在经济发展与社会全面进步中的作用越来越突出，文化软实力已成为大国争雄的角力场。著名文化学家罗迈德·威廉姆斯说过："文化研究最精彩的片段将不再是回溯古老洞穴的火把，而是照亮未来选择的光柱。"因此，要深入挖掘台州海洋文化的内涵，大力推进台州海洋文化产业的发展，让海洋文化为经济与社会发展服务。

（一）合理开发利用海洋文化资源，实现海洋文化的可持续发展

文化资源是一种不可再生的资源，一旦遭到破坏，就无法弥补。当前，海洋文化开发存在的问题包括产品类型单一、缺乏长远规划、对无形资源开发利用不够、创意产业发展远远不够等。海洋资源与环境是海洋产业经济的物质基础，所以海洋文化资源的开发要坚持可持续发展理念，着眼于长远价值，摒弃那种为谋求一时经济快速发展而牺牲自然资源和生态环境的做法。

一是坚持保护、利用和开发相结合的原则，有机协调和平衡旅游与自然资源、历史文化的关系，遵循"严格保护、统一管理、合理开发、永续利用"的原则，正确处理好资源保护与合理开发的关系，减少对海洋文化资源的盲目过度开发，加强对海洋生态环境的保护，实现海洋文化产业的全面协调可持续发展。

二是组织开展台州海洋文化资源调查，利用现代技术，建立台州海洋文化资源库，建设一批海洋博物馆。

三是加强台州海洋文化的研究、普及工作，如建立台州海洋文化研究所，成立台州海洋文化研究会，设立海洋文化研究基地，召开海洋文化研讨会，开展海洋文化理论与学术的科学研究等，对海洋文化进行系统整理。有条件的高校可开设海洋相关专业，培养海洋人才。

四是尽快出台古渔村、古民居、渔码头、海防遗址以及传统民俗等的保护政

策，划出范围，逐步恢复原貌。

五是对濒临灭亡的涉海文化艺术品类实施重点抢救、保护和资源发掘，通过政府支持、市场开发、学校教育等方式，保障海洋民间文化艺术的传承和提高。

（二）总结提炼海洋文化，提升城市文化品位

综观台州历史，可以得出这样一个结论：海洋兴则台州兴，海洋衰则台州衰。三合潭文明开启了台州海洋文化的大门，章安古港的兴起第一次把台州推向中国历史的舞台，唐宋海外交往的频繁促进了台州的繁荣，明清的海禁政策则使台州成了死港。近代台州的崛起也是借助台州港的开放，海洋文化的开拓性、重商性、冒险性成就了改革开放"台州模式"的形成和台州的跨越式发展。当前，"走向蓝海""主攻沿海"已成为台州"十二五"乃至更长时间的主战略。

一是要加大投入，提升城市文化品位。文化基础设施是城市文化的物质基础。文化建设必须有载体、场所和发展空间，按照高起点规划，高水平设计，高质量建设，多渠道投入，建成一批海洋文化特色鲜明、品位高雅、布局合理的文化设施，如海洋文化馆、海洋博物馆、海洋文化广场、海洋主题公园等一大批文化项目，将丰富的海洋文化汇集在一起，提升城市文化品位。

二是大力彰显城市海洋文化形象，展现开发利用海洋资源的广度和深度。通过海洋景观、滨海城市标志、海族馆、滨海大道等标志性建筑，码头、港口、渔港、航线、航标、海上交通工具等涉海设施，海洋建筑、海洋雕塑、绘画、海洋文学艺术、海滨海上旅游鉴赏、海洋生物标本展览等凸显海洋文化特色。

三是充分发挥海洋文化优势，突出海洋精神，进一步扩大开放，加快发展。要充分利用台州沿海地区在区位条件、战略位置、发展空间和劳动力资源等方面的比较优势，大力开展海涂围垦、港口、岛屿开发，建设台州沿海产业带，使之成为台州新的经济增长极。

四是加强海洋文化的整合重组，提升海洋文化产业品牌价值。要贯彻"有所为，有所不为"的竞争战略，实行错位竞争，抓住重点，经营强项，发挥优势，树立自己的海洋文化产业品牌，提高市场认知度，形成注意力经济，为文化产业注入活力。

（三）挖掘海洋文化，打造台州滨海旅游业

滨海旅游业以其投资少、周期短、行业联动性强、需求普遍和重复购买率高等诸多优点而日益成为海洋产业的一个重要支柱，并以大众化趋势、多元化趋势、生态化趋势、休闲化趋势展现出了良好的发展前景。

一是加大扶植力度，打造旅游精品。台州沿海旅游资源丰富，但目前海洋旅游仍缺乏精品线路和品牌。应组织力量制定加速培育海洋旅游业可持续发展的政策，从政策、资金、技术上加大对海洋旅游的扶持力度。根据《浙江海洋经济发展示范区规划台州市实施意见》，台州将以海洋特色旅游产业为重点，在推动滨海旅游业发展方面取得突破。要加快滨海旅游配套设施和服务网络建设，以蛇蟠岛、五子岛、东矶岛、桃渚、大陈岛、石塘、大鹿岛等为布局重点，突出海洋风光和海岛风情，大力发展以"游海岛、观海景、吃海鲜、购海货、住海滨"为特色的滨海旅游。

二是要抢占海洋旅游制高点，打造"海洋旅游大市"品牌。要重点打造以大陈岛为中心的国家海洋公园，以石塘、蛇蟠岛为中心的海洋休闲度假旅游示范地，以玉环滨海国家湿地公园旅游和现代休闲农业旅游为中心的国际游艇俱乐部和滨海休闲旅游基地。因此，台州滨海旅游要以长三角为主要市场，以休闲、度假旅游为主要方式，以"海上台州，神仙居所"为定位与口号进行营销，也可借鉴《海角七号》《夏天协奏曲》《最遥远的距离》《唐山大地震》的运作模式，市场化运作拍摄反映台州风情的电影，扩大影响，提高知名度。

三是打造海防文化特色品牌。台州是大陆首航台湾纪念地、戚继光抗倭地、第一次海陆空三军联合作战地，海防文化博大，历史遗迹丰富，历史影响深远。因此，要在保持当地海洋旅游资源的原始风貌和原汁原味的地域文化基础上，设计以海防、军事、海洋探险、求学、度假旅游等体验化、个性化项目，吸引海峡两岸居民前来游历和旅游。

四是深入研究海岛经营权、开发权对海洋旅游的影响，在经营权转让上先行先试，重点是无人岛、少人岛。2011 年 4 月 12 日，国家海洋局（现为国家林业和草原局）公布了首批 176 个可开发无人岛名单，其中台州有 11 个。2011 年 11 月 11 日下午，宁波象山的大羊屿岛作为第一个公开拍卖的岛屿正式开槌，宁波高宝投资有限公司最终以 2 000 万元的价格拍得该岛，使用权期限 50 年。公司将坚持保护性开发的原则，做以游艇业为主的高端度假岛屿。

（四）借力海洋文化，改造传统产业，为转型升级服务

休闲渔业是一种劳逸结合的渔业方式，融渔业作业与休闲娱乐于一体，是利用人们的休闲时间、空间来充实渔业的内容和发展空间的产业。涉海休闲渔业主要形式有养殖垂钓、海上垂钓、潮间带采集、渔区生产体验、涉海食品加工与品尝、观赏鱼类养殖、渔村休闲居住等。台州的大陈渔场是浙江省仅次于舟山的第二大渔场，大陈岛是国家一级渔港、省级森林公园和省海钓基地，也是浙江省目

前最大的深水网箱养殖基地，1991 年就开始举办"国际海钓节"。近几年来，台州沿海各县市根据县域内渔业资源丰富、渔业从业人数多的特点，大力开发休闲渔业，不仅增加了经济收益，还为沿海渔民解决了转产转业问题，缓解了海洋渔业资源负担过重的压力，如各地的"渔家乐"旅游休闲项目，实行"吃住在渔家，游乐在海上"的旅游经营模式，不仅让游客亲身体会到了海上旅游的乐趣，也领略到了渔业文化、渔村的风土人情等，特色的海洋文化资源被充分地利用和开发，形成了广受喜爱的旅游项目。

滨海休闲体育是一种在滨海地区开展的集休闲、娱乐与体育运动为一体的活动，主要包括沙滩项目、水上和水下项目、海上空中项目等。滨海体育活动是体育运动的重要组成部分，有的项目已被纳入世界比赛。同时，这项运动的项目越来越多，运动水平也越来越高，因此对旅游者的吸引力越来越大，现已形成一种专项旅游活动。目前，台州主要有两种体育产业形式：一是融合运动、旅游、娱乐等元素的群众休闲体育，利用水域资源开展体育健身娱乐活动，让人们亲水、戏水，参与海洋体育活动，如海域游泳、海水浴、水上摩托艇、游艇、滑水、冲浪、沙滩球类运动、沙滩健身走等；二是竞技体育，利用这里优良的海洋资源，建设滨海体育训练基地，为国家和其他地区的运动队伍提供训练场所，承接国家和国际有关体育赛事，如坎门后沙是浙江省帆板运动训练基地，温岭市龙门海滨浴场有浙江省第一家县市级业余帆板运动协会，大陈岛帆板训练基地拥有大陈岛帆板队，等等。

节庆文化活动作为地域文明的象征，代表着地域的文化形象。海洋节庆会展业主要包括与海洋有关的节庆、博览会和展销会等。节庆和会展经济已经成为现代社会的重要经济形式，这不仅是因为它本身可以实现和创造经济效益，还因为它所产生的"蝴蝶效应"能折射到市场领域，带动相关产业的发展，甚至影响到一座城市的发展。台州沿海各市因地制宜，加快发展海洋节庆会展业，逐渐形成一些品牌节庆活动，如三门青蟹节、大陈岛海钓节、中国（台州）国际船舶工业博览会、中国·玉环海岛文化节、江南长城文化节等，这些节会不仅扩大了城市和区域的知名度与美誉度，还收获了巨大的经济效益。

（五）深入研究海洋文化，发展文化创意产业

海洋知识的丰富性、海洋文化的多样性、海洋世界的神秘性使海洋文化有着强大的生命力和吸引力，具有广阔的开发前景。特别是现代科技的加入，为海洋文化插上了腾飞的翅膀。近年来，台州海洋文化产业取得了一定的成绩，如电视剧《海之门》、舞蹈《台州湾渔鼓》《大海告诉我》《海风吹来时》、美术大鹿岛岩

雕和"东方巴黎圣母院"之美誉的石塘镇、非物质文化遗产"大奏鼓"等，但台州海洋文化艺术产业处于发展的初级阶段，海洋文化演出少，过于零散，且文艺作品单一，导致了演出市场的吸引力不大，经济总量偏小，与文化创意产业相距甚远。因此，要出台各种鼓励扶持文化事业和文化产业的政策，培育创意、创新、创业的制度环境、法律保障和文化氛围，推动文化创意产业集聚集约发展，大力培养和引进创造型人才已成当务之急。

综上所述，台州海洋文化历史悠久、资源丰富、内涵独特，虽然其海洋文化产业有了一定的发展，但与宁波、舟山等周边城市相比，存在较大差距，同海洋大市的地位极不相称，远不能满足经济社会发展的需要。因此，一方面要加强台州海洋文化研究，丰富海洋文化内涵，打造海洋文化名城；另一方面要加大扶持力度，增加优惠政策，广开融资渠道，力争使新兴海洋文化产业成为新的经济力量，实现台州经济新的跨越。

参考文献

[1] 柳和勇.简论浙江海洋文化发展轨迹及特点[J].浙江社会科学，2005（4）：25.

[2] 苏勇军.宁波海洋文化及旅游开发研究[J].渔业经济研究，2007（1）：7.

[3] 吴建华，李秀斌.试论海洋文化行为及其社会学本质[J].广东海洋大学学报，2008（5）：3.

[4] 王文洪.探讨舟山海洋文化的发展轨迹[J].海洋开发与管理，2008（8）：23.

[5] 吴继陆.论海洋文化研究的内容、定位及视角[J].宁夏社会科学，2008（4）：126-130.

[6] 王文洪.舟山海洋文化发展的当代形态[J].当代社会视野，2008（6）：23-25.

[7] 刘丽，袁书琪.中国海洋文化的区域特征与区域开发[J].海洋开发与管理，2008（3）：7.

[8] 曲金良.发展海洋事业与加强海洋文化研究[J].中国海洋大学学报（社科版），1997（2）：1-3.

[9] 李一，周琦.台州文化概论[M].北京：中国文联出版社，2002.

[10] 叶哲明.台州文化发展史[M].昆明：云南民族出版社，2007.

黄岩鸿福寺历史文化初探 ❶

毛时亮

（台州科技职业学院，浙江 台州 318020）

摘要：黄岩鸿福寺历史悠久，脉络清晰；高僧辈出，影响深远；政教互动，鸿福天下；遗迹丰富，文化深厚，是黄岩乃至台州不可多得的历史文化遗存。但由于历史等原因，鸿福寺逐渐淡出人们的视野，甚至被淹没。因此，加快挖掘、整理、研究鸿福寺文化对保存台州历史文化，提升文化品位，促进精神文明建设具有重要的意义。

关键词：黄岩鸿福寺；禅宗；历史文化

鸿福寺位于黄岩上洋乡泮山头村，又称浮山鸿福寺。"昔居国清寺，今据浮山顶"，浮山鸿福寺一直是与国清寺齐名的寺庙。由于鸿福寺最近一次毁于清末至民国年间，加上修筑长潭水库、附近大量村民外迁、交通不便等原因，鸿福寺逐渐淡出人们的视野，甚至被淹没。但当我们拭去历史的灰尘，看到的是一座历史悠久、文化深厚、影响深远的宏大法寺。

一、历史悠久，脉络清晰

佛教自两汉传入中国后，逐渐在全国传播开来，随着国家政治重心的南移和东来传法高僧的南下，江浙地区佛教骤兴，各地兴建了一批寺庙，鸿福寺就是其中一个。

《嘉定赤城志》《万历黄岩县志》《光绪黄岩县志》《民国黄岩县志》等均有明确而详细的记载：鸿福寺在县西八十里（今），晋永和中为菩提引尊持锡开基，旧称永和堂。至唐咸通中新之，按五代石刻，山有独峰，望之若紫云覆顶，芒彩注射，山若浮动，故名浮山。后有胡僧结庐诵经，其动遂止。宋大中祥符四年赐额。宣和间，毁于寇。北宋钦宗靖康元年重建。隆庆间新之，有兰亭，僧文谦建，

---

❶ 本课题为校地合作课题，是台州市哲学社会科学规划课题。

并记。康熙十五年僧明行同徒实佑重修殿宇，延宏祖道。清乾隆十四年通晓重兴。道光间毁于火，旋由僧文修、式坤、显如、妙祥、妙统、文定及道友郏启文，共输所积，重建大殿五楹。

从这些记载中可以看出，一是鸿福寺历史久，脉络清晰。建于东晋时期，至今已有 1 600 多年历史，比黄岩立县还早 300 余年，是台州建寺较早的寺庙之一。如果从建永和堂开始计算，时间应该更早（无从考）。二是规模大，《嘉定赤城志》记载，在南宋有田产 2 100 亩、地 550 亩、山林 374 亩。历史上属禅宗道场，为台州八大寺院之一。三是发展曲折，多次遭火灾、农民起义毁坏。20 世纪 50 年代初，尚存上大殿 7 间、下大殿 5 间、二层厢房 6 间、辅助平房数间，土改时分给贫穷村民居住，佛事活动中止。20 世纪 60 年代殿堂、厢房遂倒坏或拆除。寺东成片柏树，其中有二人合抱十数株都被砍光，用于集体建房和提炼柏油。

二、高僧辈出，影响深远

鸿福寺历史悠久，根据有限的史籍考证，曾出过数十位高僧，有的从鸿福寺出道，分别出任天台国清寺、杭州灵隐寺、径山寺等大丛林禅寺主持；有的扬名于鸿福寺，接受皇帝对课，用佛家智慧影响政治；有的出使海外，为中外文化交流做出贡献。

（一）济公师父、鸿福寺住持瞎堂慧远禅师

瞎堂慧远禅师是天台国清寺、护国寺、黄岩鸿福寺的三寺住持。佛海慧远（1103—1176），又名瞎堂慧远，俗姓彭，四川眉山金流镇人，宋朝佛教禅师，其徒为道济禅师（济公）。13 岁从药师院宗辩禅师出家，前往成都大慈寺听习经论，后来成为临济宗杨岐派宗师圆悟克勤（1063—1135）弟子，曾与宋孝宗游飞来峰。乾道五年（1169）乙丑，奉诏至杭州住持皋亭山崇先寺，第二年（1170）任杭州灵隐寺住持。乾道六年赐号"佛海大师"。查礼在《铜鼓书堂词话》中也给予慧远很高评价，乃曰"往复咏叹，音调超绝"。

（二）出世于鸿福寺的妙峰禅师之善

之善（1152—1235），宋代临济宗杨岐派禅僧。浙江吴兴人，俗姓刘。13 岁出家，受业于德清之齐政院，习教学，参诸方禅者，嗣鄮山佛照德光之法。其后归康庐，于妙高峰之麓面壁十年，人称妙峰禅师。出世于台之慧因、鸿福、万年诸刹。于雁山分座说法，历住瑞岩、万寿、华藏、灵隐等寺。端平二年示寂，世寿八十四。

（三）临济宗传人、鸿福寺住持佛照德光禅师

佛照德光禅师，俗姓彭，名德光，自号拙庵，赐号佛照，宋代临江军新喻县人。德光为佛教禅宗"南岳下十六世"临济宗杨岐派六世。德光为大慧宗杲禅师的得意弟子，为临济宗的发展做出了自己的贡献，其法嗣遍布海内，甚至远播东瀛。他名满当时，广结善缘，与范成大、陆游、周必大等文人雅士有着广泛的交往，甚至与孝宗皇帝以禅相会，并留下了一些佳话。德光不仅是一位伟大的佛教思想家和实践家，也是一位伟大的教育家。乾道三年（1167），担任台州（州治在今浙江临海）知州的侍郎李浩与德光论道十分契合，便聘请德光做临海城浮山鸿福寺的住持，后又担任台州天宁寺的住持。四方僧人云集在德光的身边，德光的影响日益扩大。

（四）昙密禅师

昙密（1120—1188），宋代临济宗僧。浙江天台人，俗姓卢，号混源。12岁出家，师事资福道荣。16岁受具足戒，习天台宗教法。历参径山大慧宗杲、雪巢法一、此庵景元诸师。后参谒泉南之晦庵弥光，并嗣其法。乾道七年（1171）驻锡于苕溪上方寺，其后历住紫择、鸿福、万年等寺。淳熙十一年（1184），敕住净慈寺。十五年示寂，世寿六十九，法腊五十四。著有《混源密和尚语》一卷。

（五）起于鸿福寺、出使日本20年的一山法师

一山一宁（1247—1317），台州人，俗姓胡，号一山。长入佛门，研习天台、律宗之教旨。临济宗高僧。自幼即机敏超群，稍长，由其叔父灵江介绍，至天台山鸿福寺师事无等慧融，学临济宗大慧法系禅法。又入四明普光寺，从神悟处谦习《法华经》，受天台教义。因嫌"义学之支离"，继上天童寺、阿育王寺就简翁居敬、环溪惟一、藏叟善珍、东叟元恺、寂窗有照、横川如珙等禅师参禅。最后往普陀山，得法于顽极行弥。嗣虎丘法系中的曹源派之法。元至元二十一年（1284），出主昌国祖印寺。至元三十一年（1294），由愚溪如智举荐为普陀寺的住持，清谨自持，为道俗所尊仰。大德三年（1299）成宗赐一宁金襕袈裟及"妙慈弘济大师"称号，充"江浙释教总统"，出使日本。住镰仓建长寺、圆觉寺及京都南禅寺等处。居日本20年，为日本佛教界造就了一大批颇有影响的人才，同时对日本的文学、书法、绘画也有莫大影响。1313年，后宇多法皇召其主持京都南禅寺。1317年在日本圆寂，遗书于后宇多法皇，留下了"横行一世，佛祖钦气，箭既离弦，虚空落地"的偈语，泊然而化。一宁寂后，后宇多法皇赐谥"一山国师妙慈弘济大师"之号，简称"一山国师"。

（六）敕命居鸿福寺的定慧圆明禅师

释妙道（1257—1345），元代临济宗僧。宁海人，俗姓陈，号竺元、竺原。依杭州（浙江杭县）六和寺正严禅师出家，参谒育王山横川如珙而嗣其法。至元二年（1336）入居台州慈源寺，后住台州紫箨山，又奉仁宗之敕命，居黄岩之鸿福寺，帝并赐以"定慧圆明禅师"之号。其后又住苏州之诸山、昆山之荐严寺等。最后归隐紫箨山，居十四年，自称东海暮翁。

（七）重修鸿福寺的明代高僧文谦

文谦（1316—1372），字牧隐，俗姓方，长乐（今属福建省）人，亦说闽县（今福建福州市）人。11岁出家，游历吴楚，振扬宗教，名声道行与日俱增。洪武初，召对称旨，颇见重用。他能诗，尤善偈颂，作品多散佚不传。

三、政教互动，鸿福天下

自佛教传入中国，僧侣与宫廷的往来就没有断绝过，他们用佛家的智慧引导朝政，影响帝王。他们有的因辅弼朝政，被尊为国师；有的转而出仕朝廷，迁为宰相。可以说，2 000多年来，对国家政治有深远影响的僧人历代都有，有的甚至对国家的前途命运都产生了深远的影响。这在鸿福寺的历史上表现得尤为突出。

淳熙三年（1176）春，佛照德光禅师被孝宗皇帝一道敕令召到京师临安（今杭州）担任景德灵隐寺的住持，从此开始了他与孝宗皇帝的密切接触。孝宗皇帝是中国历史上对佛教情有独钟并进行实际修行的皇帝。德光住持灵隐寺后，孝宗皇帝多次召见，与他交流参禅体会，孝宗甚至将其召入内观堂，留宿五昼夜。由于德光的奏对真诚直接，很合孝宗的心意，其成为皇上的指导老师和知心禅友。

朱元璋把法事视为国事，洪武五年（1372）春，下旨召集鸿福寺文谦等高德僧10人于钟山法会。

北宋有名的政治家、外交家、宰相富弼曾问道修颙禅师，甚至请修颙禅师到自己的官府中，一住两月，时时方便发明，深达佛法。并致书修颙禅师说："弼遭遇和尚，即无始以来忘失事一旦认得，此后定须拔出生死海，不是寻常恩知……若非和尚巧设方便，著力摘发，何由见个涯岸。虽粉身碎骨无以报答，未知何日再得瞻拜，但日夕依依也"。又曾致书法友圆照禅师说："弼留心祖道，为日已久，常恨不过明眼人开发蒙陋，……自见颙公后，顿开茅塞。"还自作一偈陈述了自己悟入后的感受："一见颙公悟入深，夤缘传得老师心。东南漫说江山远，目对灵光与妙音。"可见，他对修颙禅师的感激和对佛教的信仰是至诚至敬的。归云本和尚辩佞篇记载：本朝富郑公弼，问道于投子修颙禅师。书尺偈颂，凡一十四纸，碑于台之鸿福两廊壁间。可见当时鸿福寺与政治的紧密联系。

鸿福寺也是南宋宰相杜范的功德院。功德院又称香灯院，是达官贵人设在坟墓旁的坟寺，所住僧人除看守坟茔外，还在逝者的忌日、生辰设祀献供，并于春秋两季祭扫。宋代功德坟寺与一般寺院的区别是，它通常为皇帝敕赐，是宋代皇帝对士大夫的特殊恩典，故基本上限于皇族、朝廷显贵的权力范围，受到特殊的待遇，如坟园（庄园、寺领）可免租税，每年可度僧若干，并有紫衣师号颁赐的特权。杜范是南宋著名的贤相，也是黄岩历史上最著名的政治家之一，鸿福寺作为杜范的香灯院，更增添其社会教育价值。

佛家倡导的是清静自在、悠闲舒心的清福，似乎与高官厚禄、家缠万贯、儿孙满堂的鸿福有天壤之别。因此，细观天下，取名鸿福寺的并不多，笔者仅考证到另外还有开封、临沂两处。按照星云大师倡导的"人间佛教"的思想，清福与鸿福的思想是可以统一的，黄岩鸿福寺在历史上多次与重大社会变革、社会活动的交集正是宗教对政治、社会的正面影响，特别是鸿福寺的高僧大多弘扬临济佛法，属祖宗"一叶五花"的临济宗法脉，在当代有"临济临天下"之说，更有深远的历史意义和现实价值。

四、遗迹丰富，文化深厚

鸿福寺在1 600年的发展历史中，留下了大量的物质和非物质文化遗产，成为宝贵的精神财富。

（一）物质遗存

遗址占地近3.33公顷，内有尼姑庵、茶院遗址。中华人民共和国成立后尚存山门头，上大殿7间，下大殿5间及佛像，宋太宗赐额（又称万岁牌）一块，有铜钟一口，一人合抱大鲤鱼桄一个。后因破除迷信，佛像、万岁牌及鲤鱼桄被毁，铜钟移至原小坑中心校当上下课钟使用，因1960年水库移民不知去向。

寺东有座很考究的祖师坟，在"文革"时挖掉，石料被周边居民移用或砸碎填埋。

寺前有面积0.44公顷的放生池一口仍存，建池时用工上万人次，亦称万工池。黄岩鸿福寺放生池规模之大，国内外罕见。

有甘露井一口，据《嘉定赤城志》载："甘露井在县西八十里浮山寺，旧传有胡僧讲《仁王经》而甘露降，故名。泉宜造茶。"有大旱不涸，可供700人用之说。

2003年，村民聚议募资，建设平房2间，奉佛，供信众礼拜。2012年，又建单檐抬梁式大殿 3 间，供附近有信仰村民活动。

（二）非物质遗存

谚语是流传于民间的比较简练、言简意赅的话语，反映了劳动人民的生活实践经验，而且一般都是经过口头传下来的。例如，有的说明寺庙应验，如"修行修一世，不如鸿福寺踏一记"。

传说：著名的有浮山传说。《万历黄岩县志》《光绪黄岩县志》记载："浮山，在县西七十里，特起田间，四无联属，俗传一夕风雨浮至，故名。"浮山传说带有一定神秘色彩，并且一直作为鸿福的象征，浮山鸿福寺、浮山寺、浮山头等在古籍中随处可见。我们对当地及附近百姓进行问询，均不知浮山所指，对浮山的考证很有必要。

在诗词方面，史载鸿福有普同塔一座，慧远禅师有诗偈曰："海底红尘起，山头白浪飞，若能如是会，永劫堕泥犁。"现已毁。明代重修鸿福寺后，县令袁应祺有诗："历落惭余百里才，登临直为济川来。雨声暂听松林歇，月影俄惊鹫岭开。遥睇东瓯浑接壤，漫游清夜且衔杯。当年献赋诚小草，大陆於今更壮哉。"

语录：《佛海瞎堂禅师广录卷》台州浮山鸿福禅寺语录就是瞎堂禅师在鸿福寺的"上堂语录"与"参禅活动"。

综上所述，黄岩鸿福寺历史悠久、高僧辈出、文化深厚、影响深远，是黄岩乃至台州不可多得的文化遗存。因此，挖掘、整理、研究鸿福寺文化对保存台州历史文化，提升文化品位，促进精神文明建设具有重要的意义。

参考文献

[1] （宋）陈耆卿. 嘉定赤城志 [M]. 清宋世荦刊本。

[2] （明）袁应祺. 万历黄岩县志 [M]. 上海：上海古籍书店，1963.

[3] （清）陈宝善，孙熹修. 光绪黄岩县志 [M]. 南京：江苏古籍出版社，1990.

[4] （明）朱时恩. 居士分灯录（续藏经：卷 86）[M]. 东京：大正一切经刊行会，1934.

[5] 耿静波. 投子修颙禅师修为研究 [J]. 河南科技大学学报（社会科学版），2012（6）：33–36.

[6] 聂朋. 南宋新喻籍高僧德光禅师生平 [J]. 新余高专学报，2007（3）：6.

基于导游成长规律探讨高职导游人才培养思路 ❶

叶小平

（台州科技职业学院，浙江 台州 318020）

摘要：分析导游成长规律，指出现有高职导游人才培养模式因为忽视导游成长规律而呈现出培养目标过分迎合企业需要、课程体系缺乏实效性、教师队伍的职业实践能力薄弱等问题。提出高职导游人才培养要立足导游成长规律，通过制定学业评价标准、开发符合高职教育的实效性课程、建设实践教师队伍来实现。

关键词：导游；成长规律；高职；人才培养

随着导游职业的发展，旅游界不断对导游提出更高的要求。同时，随着高职教育的普及，高职导游专业毕业生在国内导游队伍中的比例越来越高。尽管高职院校想方设法培养学生的导游职业能力以适应旅游企业的实际需求，但是旅游企业对高职导游专业毕业生的导游工作能力的满意度低。在导游职业能力培养过程中，高职院校能够做什么、应该做什么，旅游企业是否需要分担相应的责任等，都是本研究试图通过分析导游成长规律而探讨的问题，以期为高职导游人才培养提出建议。

一、导游成长规律分析

（一）导游成长的含义

导游不仅作为一种职业或专业存在，也是具有个体生命意义的人，是社会化的人。本文提出的导游成长是指导游个体的成长，即导游从准备从事导游工作到初入职及适应导游工作，逐步发展为成熟导游，并随着社会、环境的变化而持续发展、不断进步的过程。导游个体成长是导游职业品质、服务水平提高的过程和结果，是带团行为的综合体现，支持导游带团行为的是职业品质、职业知识和职

❶ 本课题为校地合作课题，是黄岩区宗教文化研究会课题。

业技能。职业品质包括爱岗敬业、身体素质、心理素质、人格魅力、学习与创新；职业知识包括景点知识、旅行社知识、饭店与餐饮知识、交通知识、票据知识、护理与救护知识、法律法规知识；职业技能包括线路规划与设计、导游词创作与讲解、沟通与协调、才艺表演、推销或导购。

（二）导游的成长阶段

通过对数位从业 5 年以上导游的深度访谈，依据案例成长过程心理、知识、行为的变化，把导游成长过程分为入职前的准备阶段、入职最初的新手阶段、入职后的成熟以及成熟期后的四个发展阶段。准备阶段为初步认识阶段，指未开始实习工作之前的高职学习及进入高职院校之前在学校学习期间；新手阶段为探索适应阶段，指实习工作或兼职工作开始持续 2～3 年，表现为知识量少、服务技能低、心理压力大，面对现实的冲击不断调整自我，属于企业新导游；成熟阶段为职能提升阶段，通常持续 6～7 年，表现为喜欢上导游职业，知识丰富，服务技能高，游客满意率高，得到企业、同行和游客的认同，是企业的骨干导游之一；成熟后阶段为职业稳定阶段，表现为擅长专题讲解，有许多忠诚客户，是所在旅行社最优秀的导游，在行业内有一定知名度。从纵向角度来看，导游职业能力的养成必然要经过准备阶段和新手阶段，再逐步走向成熟阶段。没有任何一项导游职业能力是学生能够在准备阶段单独养成的，或者经历准备阶段能够直接跨越到成熟阶段的。

（三）导游成长的影响因素

职业能力是在个体因素和外部环境因素相互作用下形成和发展的，受到家庭环境、社会环境和学校环境的影响。对于导游成长的准备阶段和新手阶段来说，学生初步的导游职业能力主要在学校学习期间形成，家庭环境的影响逐渐内化为个体差异的影响。从横向角度看，在导游成长过程中，同时受到个体因素、学校教育因素和社会环境因素的影响，既有有利影响，又有不利影响，具体见下表。

导游成长影响因素分析表

导游成长阶段	有利影响因素			不利影响因素		
	个体差异	学校教育	社会环境	个体差异	学校教育	社会环境
准备阶段	足够的时间；学习兴趣浓；学习习惯好；有自己的职业规划	专业教师日常教学指导；企业兼职教师不定期指导	企业为学生提供兼职机会	学习方向不明确；学习没动力、没压力；对导游职业恐惧；对自身缺乏信心；对职业的规划过于理想化	学习理论知识为主；兼职教师队伍不稳定；缺乏实践操作机会	不良的舆论
新手阶段	学习方向明确；学习动力强；在意游客的评价，特别注重自身提高；在工作中摸索学习	通过校企合作为学生提供实习机会；鼓励学生参加各种社会实践	真实的职业情境	掌握的知识有限；心理承受能力差；容易对职业和自身产生怀疑	没有岗前培训；实训教学效果差	不良的舆论；没有师父带；现实的冲击

二、现有高职导游人才培养模式存在的问题

(一)培养目标过分迎合企业需要

当前，高职导游专业学生学业评价标准尚未形成，多数高职院校倾向于把企业提出的导游职业能力构想等同于学校能够帮助学生实现的导游职业能力，即过分迎合企业的要求。最后的结果是多数导游专业毕业生难以达成职业能力目标，对于走向导游工作岗位怀有恐惧心理，而且用人单位并不认同毕业生的导游职业能力。可见，偏离实际的目标，无论目标怎样符合企业要求，终归难以实现。根据导游成长规律，在导游成长的各个阶段，尤其是在导游准备阶段和新手阶段，

虽然学校教育是主要的影响因素，但是同时发生作用的还有个体因素、社会教育因素。企业是复合型高技能人才的母体，是高职毕业生修炼成才的熔炉。复合型高技能人才是企业孕育出的宠儿，是企业可靠的技术骨干。企业更要主动承担与学校共同培养导游的任务，高职院校与企业应该明确各自的培养目标和培养重点，发挥自身优势，实现分工合作。

（二）课程体系缺乏实效性

1. 基于工作过程的课程体系目标超出高职教育能力范围

高职导游人才培养的课程设置倾向于理想状态，希望学生在校期间能够把职业要求达到的所有素质和能力目标通过学习课程来实现。事实上，基于工作过程的课程设置提出的课程目标远远超出高职院校的承担能力。根本原因是高职院校忽视了导游成长规律，只关注职业能力的重要性，对于哪些导游职业能力是学生在校学习期间能够习得的，哪些导游职业能力是学生在校期间难以获得的，哪些职业能力虽然不能在校期间获得，但是可以通过习得其他素质和能力来促进学生在工作中可持续获得根本不清楚，更谈不上研究和应用。

2. 课程设置和教学忽视导游成长过程中的其他影响因素

在导游成长过程中，不良的社会舆论使社会对导游存在偏见，许多人在选择未来职业时会规避导游职业，缺乏职业认同感和自豪感。导游新手没有师父带，没有岗前培训，对于工作中所需知识和技能需要自己在实践中摸索，心理压力大，承受能力差，同时受到"现实的冲击"，入职之前所形成的职业理想在严峻、艰苦的日常带团生活现实面前几乎破灭。高职学生个体差异的存在也使学生在导游成长过程中逐渐分化。当前的高职导游人才培养对培养导游学习思考能力、独立工作能力、抗压能力来帮助学生应对或减少这些不良影响因素缺乏合理的课程设置和教学方法。因此，高职导游人才培养不仅要充分调动自身有利的影响因素，还要化各种不利影响为有利影响，主动帮助学生为进入新手阶段做积极准备，减少新手阶段可能遇到的困难，并且尽力承担导游新手阶段的部分责任。

（三）教师队伍的职业实践能力薄弱

虽然绝大多数高职院校在招聘新教师时，优先考虑具备多年企业工作经历的应聘者，但是对其学历也提出了更高要求。历年的新教师80%以上仍为高校毕业的应届研究生，既有实践经验又有研究生学历的教师基本上求之不得。即使近年来倡导"双师型"教师建设，但无法在实质上改变专职教师实践职业能力薄弱的现状。同时，导游工作的特殊性决定了绝大多数高职教师在心理上和行动上都不愿意参与到导游实践中，即便教师有暑假和寒假的时间优势。另外，兼职教师队伍不稳定。尽管校企合作办学在导游专业教学中开展得如火如荼，大多数旅行社愿意和学校建立合作关系。但是，实际操作的结果是，企业更愿意挑选中意的学生在一线锻炼，而不愿意长期派出企业骨干到学校担任兼职教师，即使企业愿意派出，企业骨干受制于自身岗位工作内容的不稳定性，也难以确保教学时间的稳定性。

三、导游成长规律视角下的高职导游人才培养建议

（一）制定学业评价标准

高职导游人才培养目标应该通过制定高职导游专业学业评价标准来体现。学业评价标准制定不能仅看职业能力是否重要，而应看它是否遵循导游成长规律。首先，导游工作的特殊性决定了导游成长是一个持续的过程，在不同的成长阶段获得不同程度的成长。高职院校所能提供的帮助只能体现在导游准备阶段和导游新手阶段，导游成熟阶段只能成长于相对漫长的导游工作过程中。其次，在导游成长过程中，不利影响因素之一是学生个体因素。在准备阶段，学生表现出的主要问题是学生的学习方向缺乏指引，学习没有动力、没效果，进而对职业产生恐惧。通过制定学业标准能够同时引领教与学的方向。

1. 符合导游市场需求

高职导游专业学业评价标准应该符合导游市场需求，主要是指高职导游人才培养目标必须立足导游成长规律，摒弃之前过分迎合企业需要的理想化状态，而要把企业给出的导游职业能力评价体系构想定位为导游培养的长远目标。第一，学业评价标准应具备真实性，即该标准必须真实体现导游工作特点；第二，学业评价标准应该具备完整性，即能够全面反映导游工作所需要的职业品质、职业能力和职业知识；第三，学业评价标准应该具备层次性，即能够明确在不同成长阶段导游职业能力获得的动态性；第四，学业评价标准必须具有操作可行性，即高职院校在教学资源上能够满足教学需要，承担高职教育应尽的义务。

2. 立足学生实际基础

高职导游专业学业评价标准应该立足学生实际基础，主要是指学业评价标准必须具有可达性和针对性。从短期角度考虑，学生能够不断地达成每个学期的学业目标；从中期角度考虑，学生在高职三年的学习中能够通过努力达成高职学习目标；从长期角度考虑，学生在努力的过程中，能够不断修正自身的职业规划，为更顺利地成为成熟导游做准备。所谓的针对性是指学业评价体系应该正视学生

个体的差异性，尽可能化学生个体的不利影响因素为有利影响因素，如台州科技职业学院近年来致力于高职导游"一生一案"人才培养方案的制定和实施就是一个相对成功的案例。

（二）开发符合高职教育的实效性课程

1. 注重培养学生职业品质的课程

导游只有具备良好的职业品质，具有坚定的事业心和责任感，才有可能为带好每一个团、服务好每一位游客去不断努力学习，自觉掌握丰富的知识，提高自己的知识素质，才有可能不断探索，思考提供更优质服务的策略，才有可能克服工作和生活中的种种困难和压力，调整自己的情绪和心态，形成稳定的心理素质。培养学生职业品质的课程非常重要。

2. 注重培养学生实践能力的"实境"课程

以建构主义理论为基础的职业能力开发模式强调通过真实的职业情境来激发学生的学习动机。按照建构主义的动机观，学生对职业知识、技能的学习动机只能来源于实践需要。如果没有实践为先导，根本无法真正激发学生的学习动机。建构主义理论还强调在真实职业情境中开发职业能力。导游专业学业评价体系为学生的高职学习指明了方向，在此基础上还要在课程体系中注重开设"实境"课程，为学生创造实际工作的机会。"实境"课程主要是指实际导游工作体验课程。例如，台州科技职业学院在校企合作基础上，分时段安排学生到台州各旅游景区做景点讲解；台州当地每年在举办各种节庆活动（如"杨梅节""枇杷节"等）时，安排学生做接待工作；当地政府或者学院有各级来宾到访时，也会有选择地安排学生做接待工作。通过开设"实境"课程，不断给予学生职业实践的刺激，激发其学习动机，提高其导游职业能力。学生在"实境"课程的学习中有机会获得企业、游客和其他接待对象的认可。根据马斯洛需要层次理论，人有被尊重的需求和自我实现的需求，这种需求被满足的过程也是导游成长的过程。

3. 注重培养学生学习和思考习惯的课程

导游是一个团队的领导者，成为团队的主心骨、核心、灵魂，才能统领客人。导游从经验（直接经验和间接经验）中对实践进行学习与思考，能有效开发自身的潜能和创造力，提高自身的服务技能水平和工作成就，促使自己向更高层次发展。导游越早养成学习和思考的良好习惯，越能有效地促进自身成长。因此，在导游准备阶段，注重开设能够培养学生学习和思考习惯的课程是关键。

4. 注重培养学生抗压能力的课程

导游成长的新手阶段最大的挑战往往源于抗压能力欠缺，多数新手导游由于不能忍受导游工作过程中遭遇的来自企业、游客和社会环境的多种压力，特别是"现实的冲击"，导致心理落差过大，难以调整情绪，无法适应实际工作，最终选择离开导游岗位。因此，增强学生抗压能力是高职导游专业课程设置不能回避的问题。

（三）建设实践教师队伍

1. 转变教师角色

要教育出具备实践能力的学生，需要具有实践能力的师资。高职教师要创新教学理念和教学方法，要成为实训教练，把教室变为工作现场，把教材变为实训手册，把教法变成训练方法。只有实现角色的转变，高职教师在教学中才能树立行为榜样，获得学生认同，达到启发学生积极主动地去模仿学习的效果。教师自身必须有导游实践能力，才能切实帮助学生实现从准备阶段向新手阶段的更快过渡，在新手阶段担任岗位师父的角色。浙江省教育厅于2013年开始对高职骨干教师进行专业省培、国培和顶岗实习，就是在提高专业教师的实践能力，帮助教师转变角色。

2. 稳定兼职教师队伍

从实际出发，建设实践教师队伍既要落实专业教师实践锻炼，又要聘请行业专家和企业员工组建兼职教师队伍。在校企合作办学基础上，学校和企业双方需要进一步寻求双赢策略，为落实企业兼职教师出台激励措施，保证兼职教师队伍的稳定性和持续性。同时，学校可以尝试建设一支动态的优秀毕业生队伍，邀请历届毕业生中经验丰富的导游来充实兼职教师队伍，为在校学生发挥更有效的榜样作用。

参考文献

[1] 董红艳. 基于叙事方法的导游成长研究 [J]. 南京师范大学，2010（5）：13.

[2] 陈才，李兆元，巩慧琴. 导游职业能力指标体系构建研究——基于业界、学界双重视角的探讨 [J]. 旅游论坛，2012（1）：80-84.

[3] 张锋. 论高职院校中影响学生职业能力形成的主要因素 [J]. 现代企业教育，2008（12）：20.

[4] 杨欣，刘哲. 高职院校学生职业能力的培养 [J]. 教育与职业，2009（7）：154.

[5] 吴晓义. 职业能力开发研究的理论进展 [J]. 职教论坛，2007（7）：50.

[6] 李怀康. 养成职业能力五个关键步骤的推理与实施 [J]. 高等职业教育——天津职业大学学报，2009（2）：6.

本土化视野下的旅游管理专业人才培养探索

倪玉屏

（台州科技职业学院，浙江 台州 318020）

旅游管理专业是台州科技职业学院 2003 年批准设置的专业。本专业紧紧围绕我校"领班型"人才培养定位，主动将专业的发展壮大建立在依托台州乃至浙江地方经济发展的基础上，充分利用社会资源，走专注于本土化人才培养的"校地共赢"发展之路。经过多年的发展，本专业以其广泛的市场需求、鲜明的办学特色和过硬的办学质量赢得了企业、家长和学生的认可。

一、旅游管理专业本土化人才培养的背景分析

（一）产教融合的要求

传统的人才培养方式已不能满足市场、社会对人才的需求，"深化产教融合、校企合作"是加快现代职业教育体系建设与发展的核心问题之一。把当地产业与教学密切结合起来，培养学生的实践能力，可以充分发挥高职院校教育性和产业性的双重功能。一方面，可以提高教学质量，增强办学活力，使学校在激烈的市场竞争中赢得自己的一席之地，求得发展；另一方面，有利于学校培养出符合企业、行业要求的高素质劳动者，有利于促进地方经济的繁荣和发展。

（二）区域经济发展要求

浙江省是旅游大省，旅游资源丰富。近年来，浙江旅游业迅速发展，已成为最具活力的产业之一。台州山水神秀，名胜荟萃，旅游资源得天独厚。唐朝诗人杜甫曾写下"台州地阔海溟溟，云水长和岛屿青"这样的诗句来赞美台州。1994年，撤地建市之后，台州充分借助区域经济崛起的有利时机，使旅游业迅速发展壮大，逐渐成为台州新的经济增长板块。与此同时，本土旅游企业的用人需求也日益增长。

本土化人才即能够关注并解决当地经济社会发展所面临的问题的人才。根据

对台州旅游业发展状况的调查，当前在旅游行业由传统景点观光旅游向现代休闲度假旅游转型发展的过程中，旅游企业需要最多的仍然是对本地有较多了解的旅游人才。台州科技职业学院旅游管理专业根植于民营中小企业众多、以民营个私经济发达而著称的台州，一直将为地方经济建设和社会发展培养高素质的技术型、应用型"领班"人才作为主要职责。

二、旅游管理专业本土化人才培养的实施路径

在坚持"本土化"的价值取向，以服务于台州乃至浙江的旅游企业以及培养旅游专业本土化人才为目标定位的前提下，台州科技职业学院旅游管理专业开展了人才培养工作的一系列探索。

（一）校地结合

邀请市旅游局领导、县市旅游部门负责人担任专业建设指导委员会委员，定期或不定期来校交流，听取他们对旅游专业建设的意见和建议，商讨人才培养模式。学院教师积极参与地方旅游发展，2010年提出《关于加快发展旅游业的若干建议》，2013年参与《台州市乡村旅游发展规划》制定。同时，为市区旅游行政部门、企业等开展各类培训、考证工作。

（二）校企结合

一是请进来与走出去相结合。一方面，聘请旅游企事业单位有高级职称或具有丰富实践经验的人员任客座教授，定期授课或开设讲座。企业为课程的教学提供全过程的本土化教学案例，将其丰富的实践经验应用于教学之中，以此提高教学质量，为学生走上工作岗位奠定了坚实的基础。另一方面，专业教师向企业了解新的行业动向及企业对旅游人才的需求，制定学生培养目标及教学计划，同时学院选派教师到企业锻炼。通过以上措施，使专业教师掌握来自行业、企业的第一手材料，为实践教学积累丰富的经验。

二是双方联合建设教学实训基地。选择台州本地优秀中小旅行社及各大旅游景区作为实训基地，充分利用本地旅游行业优势，为专业学生真刀实枪的操练创造优势条件。本专业与浙江假日国旅、台州华夏国旅、台州中青旅等旅行社及台州市的仙居神仙居景区、临海江南长城景区、天台国清寺景区长期合作，为学生提供良好的实训实习环境。

三是开展订单式人才培养模式。2012年，"假日国旅"订单班正式启动。浙江假日国际旅行社（假日国旅）是台州地区最早一批具备独立法人资格的旅游公

司。经过多年经营，该社已成为台州最具实力和初具综合型规模的旅游企业之一。"假日班"充分发挥学院、企业、学生三方的主动性与互动性，达到资源共享、优势互补，提高了"领班"型人才培养质量。学生前两年除在校完成人才培养方案规定的课程外，还要完成一定课时的企业课程，企业课程由企业老师定期来校上课。全部课程完成后，学生到企业顶岗实习10个月，按照我校"一生一案"个性化人才培养方案，由学校、企业老师共同指导实习。毕业后，用人单位不再对学生设立见习期。从实施效果看，学生的专业素质、岗位适应能力、解决问题的能力明显提高。

（三）教研结合

一是提倡教师结合教学进行科研，特别是结合本地实际进行科研，使教师在教学中思考、提炼、形成科研成果。专任教师近几年结合本土实际，完成了台州旅游文化、天台山和合文化旅游开发分析及旅游意象定位、国清寺天台宗文化旅游开发的思考、台州银发旅游现状及发展思路、台州海洋文化等课题的研究。同时，教师又将本地的研究内容融入教学中，以提升教学质量。

二是修订教学计划，进行课程改革。根据地方实际需要，在保证专业课的基础上增加反映地方特色的课程，如"台州旅游文化""乡土旅游""台州模拟导游"等，使课程设置更凸显地方特色。此外，本专业近两年进行了一系列课程改革，在对"领班岗位"分析的基础上，完成了导游业务、旅行社运营和台州模拟导游等课程的"1+N课程包开发"、计调、全陪及地接导游等"个性化人才培养方案"和"导游实务工作室"建设等专业发展相关工作。以上教学研究的成果直接反馈于教学，取得了良好成效。

（四）产教结合

坚持本土化的价值取向，培养服务于地方经济社会的应用型本土旅游专业人才，实践教学是必不可少的教学环节。台州科技职业学院旅游管理专业重视实践教学，不仅构建了直接服务于专业教学的实践教学体系，还不断创新实践教学模式，如采用模拟、演示、上岗等多种方法。其中，模拟导游实训室可以进行多样化的模拟实践教学，该实训室订制台州主要景点资源，让学生模拟导游讲解。另外，台科实验旅行社可让学生完成旅行社各部门的运营训练。本专业还有校企合作平台导服中心，通过该平台，旅游管理专业学生每年为台州本土旅游企业提供旅游接待、导游讲解等旅游服务100多人次。

三、本土化人才培养的现实成果

台州科技职业学院旅游管理专业人才的本土化培养是"以学生为本""能力本位""就业导向"的教学理念的实践应用，这种探索在教学实践中已取得较明显的效果。

（一）形成人才培养模式

台州科技职业学院旅游管理专业的人才培养模式在于坚持人才培养的本土化理念，与地方经济社会保持和谐互动的密切关系。具体来说，既让企业愿意参与、乐意合作，参与学校的人才培养工作，又让学校培养的人才融入本地经济社会发展中。

（二）获得业界高度评价

作为一所地方高职院校的年轻专业，台州科技职业学院旅游管理专业要成为台州地方经济社会发展的力量储备并不是一件容易的事情。但是，旅游管理专业一直致力于培养地方旅游行业发展需要的人才，用实力赢得了地方经济社会的认可。当地旅游企业纷纷对旅游管理专业学生提出了用人需求，在每年的招聘会上毕业生更是供不应求。业界对本专业学生给予了爱岗敬业、上手快、技能好等各种好评。

（三）结出专业人才硕果

旅游管理专业毕业生选择在台州就业的数量多，有的经过几年发展已在企业担任要职。浙江假日国旅和台州华夏国旅为台州两家大社，有些本专业毕业生已在两家旅行社担任导游部经理、散客部航空组负责人、地接部经理、分社经理等职务。当然，更有大量的毕业生选择了台州的企业，在台州各大旅行社中钻研业务、踏实工作，为台州本地的旅游发展贡献力量。

未来，旅游管理专业将继续秉持人才培养的本土化理念，积极研究社会人才需求趋势，以"立足地方、面向地方、服务地方"为宗旨，因地制宜、因时制宜，准确定位，扬长避短，充分发挥自身作为地方智力资源库的作用，利用好学校和企业的教育资源，培养满足地方需求的高素质应用型"领班"人才。如此，才能在为地方社会和经济发展提供人才的同时，发挥竞争优势，获得自身生存发展空间，使校企实现"双赢"。

参考文献

[1] 黄尧 . 职业教育集团化办学的理论研究与实践探索 [M]. 北京 : 高等教育出版社，
2009.

[2] 崔炳建 . 职业教育集团化办学的理论与实践——来自中原大地的报告 [M]. 郑州 :
大象出版社，2008.

[3] 刘山，杨建勇 . 关于职业教育集团化发展几个基本问题的研究 [J]. 职业时空，
2008，10：193-194.

[4] 赵志群 . 职业教育工学结合一体化课程开发指南 [M]. 北京 : 清华大学出版社，
2009.

[5] 李辉，吴博 . 我国高职教材建设现状与思考 [J]. 中国大学教学，2007(4)：409.

[6] 沈海娟，申毅 . 关于高职教材建设的思考 [J]. 教育与职业，2006(36)：117-118.

[7] 赵居礼，王艳芳 . 完善高职教材体系建设的基本思路 [J]. 职业技术教育，
2003(10)：42-45.

[8] 高文 . 建构主义学习的特征 [J]. 外国教育资料，1999(1)：35-39.

[9] 江雪松 . 论大学教材建设中的学本教材建构 [J]. 高等工程教育研究，2003(1)：
59-61.

[10] 丁金昌，童卫军 . 关于高职教育推进"校企合作，工学结合"的再认识 [J]. 高
等教育研究，2008(6)：49-55.

[11] 雅克·德洛尔 . 教育 : 财富蕴藏其中 [M]. 北京 : 教育科学出版社，1996.

[12] 薛国凤 . 建构主义教学理论的实践影响及效果分析 [J]. 外国教育研究，
2003(11)：5-8.

[13] 舒志定 . 文本的敞开性与教师权威的瓦解 [J]. 教育理论与实践，2003(2)：37-
40.

[14] 江雪松 . 论大学教材建设中的学本教材建构 [J]. 高等工程教育研究，2003(1)：59–61.

[15] 朱煜，张连生 . 从"教本"到"学本"——论历史教科书的改革趋向 [J]. 历史教学，2003(2)：22–26.

[16] 姜大源 . 职业教育学研究新论 [M]. 北京：教育科学出版社，2006.

[17] 粟显进，王茜 . 高职教师队伍建设现状思考 [J]. 教育与职业，2002(3)：13–16.

[18] 方光华，曹振明 . 20 世纪 90 年代以来的"文化自觉"思潮论析 [J]. 人文杂志，2001(1)：113–116.

[19] 袁洁 . 职业中学校园文化建设存在的问题与对策 [J]. 职业技术教育 ,2008(26)：66–67.

[20] 赵中建 . 学校文化 [M]. 上海：华东师范大学出版社，2004.

[21] 余祖光 . 先进工业文化进入职业院校校园的研究 [J]. 职业技术教育，2010(22)：5–10.

[22] 薛文治 . 对高校校园文化建设的思考 [J]. 中国高教研究，2003(5)：20–22.

[23] 刘复国 . 高职院校师资队伍建设中几个问题的探讨 [J]. 中国高等教育，2004(13)：44–45.